Kleine Mainzer Schriften
zur Theaterwissenschaft
Band 1

Chicago

Ein Mythos in seinen Inszenierungen

von

Kristin Becker

Herausgegeben von Peter Marx, Kati Röttger
und Friedemann Kreuder

Tectum Verlag
Marburg 2005

Die Drucklegung dieses Buches wurde durch die freundliche Unterstützung der Lutz E. Adolf-Stiftung ermöglicht.

Becker, Kristin:
Chicago
Ein Mythos in seinen Inszenierungen
/ von Kristin Becker
- Marburg : Tectum Verlag, 2005
Kleine Mainzer Schriften zur Theaterwissenschaft; Bd. 1
ISBN 978-3-8288-8929-3

© Tectum Verlag

Tectum Verlag
Marburg 2005

Inhaltsverzeichnis

Vorwort 7

1. Anfänge des Mythos 9
   1.1. Am Anfang war das Feuer? 16
   1.2. White City Chicago 23

2. Orte des Mythos 29
   2.1. Mapping the Myth 31
   2.2. „All for Al and Al for All" 46
   2.3. Chicago als Planspiel 53
   2.4. Mythentourismus 62
   2.5. Tommy Get Your Gun 73
   2.6. Out of Chicago 84

3. Bewegungen des Mythos 89
   3.1. Chicago 2:0 91
   3.2. Zwischen Versatzstück und Blue Screen 92
   3.3. Chicago an der Donau 105
   3.4. The Chicago Gangster Theory of Life 113
   3.5. Chicago Redux 125
   3.6. Der bewegte Mythos 136

4. Masken des Mythos 139

Anhang 147
   1. Literaturverzeichnis 149
   2. Internetquellen 162
   3. Abbildungsverzeichnis 162
   4. Filmverzeichnis 165

Vorwort

Mit dem vorliegenden Band eröffnen wir die Schriftenreihe **„Kleine Mainzer Schriften zur Theaterwissenschaft"** im Tectum Verlag. Mit dieser Reihe bereiten wir ein Forum für junge Wissenschaftlerinnen und Wissenschaftler, in dessen Rahmen sie erste Ergebnisse ihrer Forschungstätigkeit vorstellen können. In der Regel wird es sich hierbei um Magisterarbeiten handeln, die nicht nur mit einem ausgezeichneten Prädikat bewertet wurden, sondern die vor allem einen eigenständigen Beitrag zur Forschung leisten.

Über die Förderung für die Autorinnen und Autoren hinaus aber bedeuten diese Arbeiten auch einen wichtigen Beitrag zur fachwissenschaftlichen Diskussion in der Theaterwissenschaft und den ihr benachbarten Fächern. Die Praxis der letzten Jahre hat deutlich gezeigt, dass gerade die Abschlussarbeiten zum Ende des Studiums nicht nur in methodischer Hinsicht innovativ und vielversprechend sind, sondern dass sie oftmals auch Themen aufgreifen, die bislang wissenschaftlich noch nicht eingehender bearbeitet wurden. In diesem Sinne ist die Beschreibung dieser Studien als „Kleine Schriften" als ein relativer Begriff zu verstehen, handelt es sich doch um Arbeiten, die zwar nicht den Anspruch einer umfassenden Kontextualisierung haben, jedoch durch ihre ‚Kleinheit' aktueller und pointierter sein können. Diese Arbeiten nicht im Archiv ruhen zu lassen, sondern sie einer breiteren Öffentlichkeit und Diskussion zugänglich zu machen, ist die Zielsetzung dieser Reihe.

Die Studie von Kristin Becker kann in diesem Sinne durchaus als ein besonders gelungener Modellfall angesehen werden: Für ihre Annäherung an den Mythos Chicago sucht die Autorin einen weiten, kulturwissenschaftlichen Blickwinkel, der es ihr gestattet, sowohl Theaterstücke und Filme – also ästhetische Produkte im engeren Sinne – als auch Reiseführer, Karten und touristische Stadtführungen einzubinden. Aus dieser Zusammenschau entsteht ein dichtes Bild, das deutlich macht, wie sehr Chicago als Mythos den lokalen Kontext überschreitet und zu einem Diskurs wird, der nicht auf die USA beschränkt bleibt, sondern für die gesamte westliche Moderne relevant ist.

Das Mäandern dieses Mythos durch verschiedene Medien und unterschiedliche kulturelle Kontexte schließlich belegt seine Fähigkeit, soziale und kulturelle Phänomene narrativ zu bewältigen.

Diese Wanderungen in ihrer kulturellen Vernetzung nachzuzeichnen, ist eine der großen Stärken der Arbeit, zeigen doch die unterschiedlichen Neudeutungen, dass die kulturelle Wirkung des Mythos in der ihm eigenen Spannung von Kontinuität und Variation wurzelt. Solche „Arbeit am Mythos" (Blumenberg) erweist sich als eine Herausforderung an den akademischen Diskurs, der sich nur mit einer grundsätzlichen Offenheit für unterschiedliche Quellen, Bezüge und Methoden angemessen begegnen lässt.

Für die Herausgeber

Peter W. Marx   Mainz, im Oktober 2005

1. Anfänge des Mythos

Ich wollte, ich könnte nach Amerika fahren, und wäre es nur, um Chicago zu sehen.

Otto von Bismarck

The demands and pressures of social reality constantly affect the material order of the city, yet it remains the theater of our memory.

M. Christine Boyer

Die Rekonstruktion des Mythos war immer schon ein Ereignis im Kopf, und keine der aktuellen Konjunkturen niederer Organe kann das aufheben.

Karl Heinz Bohrer

Kann man einen bestimmten Ort nicht in Person besuchen, gelten kleine schwarze Punkte auf Landkarten als sicheres Indiz für die Existenz dieses Ortes in der Welt. Auf diese Weise soll seine physische Präsenz zu einem gegebenen Zeitpunkt bestätigt werden. Gleichzeitig sind die Stadt an sich und die Großstadt im Besonderen „archetype[s] of the human imagination".[1] Sie besitzen damit immer auch einen bestimmten Grad an Virtualität und eine spezifische Bildhaftigkeit, denn, wie Kevin Lynch erklärt,

> [t]here seems to be a public image of any given city which is the overlap of many individual images. Or perhaps there is a series of public images, each held by some significant number of citizens.[2]

Die Meinungen darüber, was das „public image" der amerikanischen Millionenstadt Chicago und seine mythische „Reputation" ausmacht, gehen auseinander. Reiseführer rühmen die Wirkungsstätte von Architekten wie Louis Henry Sullivan, Frank Lloyd Wright und Ludwig Mies van der Rohe als Wiege der modernen amerikanischen Großstadtarchitektur und verweisen mit Vorliebe auf die werbewirksame Jazz- und Bluestradition der Hochhausmetropole.[3] Chicago ist aber auch die düstere Stadt von Upton Sinclairs *The Jungle* und Bertolt Brechts *Die heilige Johanna der Schlachthöfe*. „Für die Untersuchung der modernen Gesellschaft wurde Chicago zum Fallbeispiel par excellence", und „[n]icht nur entstand die Stadtsoziologie *in* Chicago, sie entstand *durch das*

---

[1] Oates 1981, 11.

[2] Lynch 1960, 46. Auch Hans Belting hat sich in seiner richtungsweisenden Studie zur Bild-Anthropologie mit dem generativen Wechselverhältnis von Ort, Bild und Betrachter auseinander gesetzt. Er differenziert zwischen dem geographischen Ort, dem Ort der Bilder und dem Ort als Bild. Wichtig für die Überlegungen dieser Arbeit ist dabei Beltings Feststellung, dass „viele Orte für uns [...] allein als Bilder [existieren]. Man hat sich immer von Orten ein Bild gemacht und sie als Bild erinnert, aber das setzte voraus, daß man an ihnen gewesen war oder in einer anderen Zeit an ihnen gelebt hatte. Heute dagegen kennen wir viele Orte nur im Bild, in dem sie für uns eine Präsenz anderer Art gewonnen haben. Damit verschiebt sich die Relation von Bild und Ort. Statt Bilder an bestimmten Orten zu besuchen, besuchen wir heute lieber Orte im Bild" (Belting 2001, 61). Lynchs „public image(s)" und Beltings Ortsbilder implizieren somit eine Bildhaftigkeit, die an einen komplexen Prozess der Bildproduktion im Kontext von individueller und kollektiver Imagination gebunden ist.

[3] Siehe beispielsweise Born 2000, 4-9 und 84 oder Braunger 1998, 74-80.

Studium Chicagos."[4] So haben Kapitalismuskritiker[5] und Historiker der Arbeiterbewegung Chicagos ambivalente Position zwischen Vorzeigekapitalismus und Klassenkampf in den Vordergrund gestellt.[6] Der amerikanische Dichter Carl Sandberg hat die Stadt als „City of the Big Shoulders" und „Hog Butcher for the World" verewigt.[7] Und nicht selten wird die Millionenstadt im Mittleren Westen der USA als „die amerikanischste von allen amerikanischen Städten"[8] bezeichnet. Gleichzeitig ist Chicago die ewig Zweite geblieben, die *Second City*, die im 21. Jahrhundert nur in einer einzigen statistischen Größe die Konkurrenten New York und Los Angeles übertrifft: mit fast 600 Morden pro Jahr nimmt Chicago in der Kategorie Gewaltverbrechen nach wie vor die Spitzenposition unter den US-amerikanischen Großstädten ein[9] und weckt damit Erinnerungen an einen Namen, der bis heute die kollektive Vorstellung von Chicago prägt: Al Capone.

Die Vielfalt und Überlagerung von Assoziationen scheint die Auseinandersetzung mit dem Begriff „Chicago" und die Untersuchung seiner mythischen Strukturen schwierig zu gestalten. Keine Frage, es ist ein weites Feld, auf dem sich vielfältige lokale, nationale und internationale Imaginationen und Interessen getroffen haben und bis heute verhandelt werden. Aber, wie Odo Marquard schreibt, „[m]an muß viele Mythen – viele Geschichten – haben dürfen, darauf kommt es an."[10]

Der Mythos bzw. die Mythen der Stadt werden im Kontext dieser Arbeit als Konstruktionen verstanden, die dazu dienen, diese Vielfalt erfahrbar und lesbar zu machen. Als Organisationsstrategie funktioniert der Begriff des Mythischen daher jenseits einer essenzialistischen Vorstellung theologisch-anthropologischer Prove-

---

4   D'Eramo 1998, 255. Hervorhebung im Original.
5   Um den Text nicht unnötig zu verlängern und die Lesbarkeit zu erleichtern, wird darauf verzichtet, weibliche und männliche Formen getrennt aufzuführen. Die verwendete, zumeist maskuline Form bezieht sich daher integrativ auf beide Seiten.
6   Siehe zum Beispiel Hausmann 1998 oder d'Eramo 1998.
7   Sandburg 1926, 29.
8   D'Eramo 1998, 13.
9   Siehe Anonymus 2004, ohne Seitenangabe.
10 Marquard 2003, 227.

nienz.¹¹ In der vorliegenden Operationalisierung entspricht er einer kulturwissenschaftlichen Kategorie, die den analytischen Umgang mit heterogenen Elementen möglich macht.¹² Der Mythos impliziert dabei per se immer schon die Akkumulation von Bedeutungen. Claude Lévi-Strauss hat argumentiert,

> daß die wirklichen konstitutiven Einheiten des Mythos keine isolierten Beziehungen sind, sondern *Beziehungsbündel*, und daß jene nur in Form von Kombinationen solcher Bündel eine Bedeutungsfunktion erlangen.¹³

Als Kulturtechnik wird der Mythos zum Instrument einer Mikroskopie, die versucht, diese Bedeutungsstrukturen freizulegen.

In ihrer Aufsatzsammlung *Destination Culture* formuliert Barbara Kirshenblatt-Gimblett den folgenschweren Merksatz „ethnographic objects are objects of ethnography."¹⁴ Ebenso könnte man argumentieren, dass Mythen in gewisser Hinsicht die Kreation der Mythologen bzw. derer sind, die sich mit ihnen auseinander setzen und sie benutzen, um Zusammenhänge aufzudecken und Mechanismen kultureller Produktion zu verstehen, denn „[f]ür neue Mythen gilt grundsätzlich dasselbe wie für alte: Geschichten und Bilder werden nicht als, sie werden zu Mythen gemacht."¹⁵ Damit impliziert der

---

11 Wilfried Barner, Anke Detken und Jörg Wesche präsentieren in ihrem Sammelband *Texte zur modernen Mythentheorie* (2003) ein großes Spektrum von unterschiedlichen Ansätzen, die im 20. Jahrhundert entstanden sind. Zum theologisch-anthropologischen Mythenverständnis siehe beispielsweise die darin enthaltenen Texte von Mircea Eliade oder Joseph Campbell.

12 Davon ausgehend haben die vorliegenden Überlegungen kein wertendes Interesse. Der oftmals pejorativ besetzte Mythosbegriff, wie etwa bei Max Horkheimer und Theodor W. Adorno in ihrer *Dialektik der Aufklärung*, wird hier konstruktiv-funktional verstanden.

13 Lévi-Strauss 2003, 65. Hervorhebung im Original. Lèvi-Strauss versteht den Mythos als Sprachgebilde, das sich aus konstitutiven Einheiten zusammensetzt, die er als „Mytheme" identifiziert (Lévi-Strauss 2003, 64). Dabei ist „jede konstitutive Einheit [...] ihrer Natur nach eine *Beziehung*" und realisiert sich in einem komplexen Netz von Relationen (Lévi-Strauss 2003, 65. Hervorhebung im Original). Jenseits dieses strukturellen Ansatzes schlägt Lévi-Strauss außerdem vor, „jeden Mythos durch die Gesamtheit seiner Fassungen zu definieren" (Lévi-Strauss 2003, 71). In diesem Sinne verwendet die vorliegende Arbeit Singular und Plural des Begriffs „Mythos" auswechselbar und interdependent.

14 Kirshenblatt-Gimblett 1998a, 2.

15 Assmann und Assmann 1998, 196.

Begriff Mythos Schaffens- und Wirkungsprozesse, die erst ermöglichen, dass „etwas" als Mythos in Erscheinung treten kann. Es liegt deshalb nahe, den Vorgang der Mythologisierung in diesem Sinne und mit Blick auf die hier vorliegende Arbeit als eine Art Aufführungsstrategie und -praxis von „erinnerte[r] Geschichte"[16] zu verstehen.

Roland Barthes erklärt, „daß die Bedeutung des Mythos durch ein unaufhörliches Kreisen gebildet wird".[17] Dabei ist es zweitrangig, wenn nicht sogar unmöglich, den Mittelpunkt dieser Kreisbewegung zu bestimmen. Vielmehr gilt es, Schichten von mythischen Überlagerungen zu identifizieren und Organisationsstrategien deutlich zu machen. Allumfassende „Ausgrabungen" und endgültige Ergebnisse werden dabei von vornherein ausgeschlossen. So wie Erinnerung erst durch selektive Wahrnehmung und Vergessen möglich wird,[18] kann ein Mythos nur durch Auslassungen und Flexibilität der Interpretation entstehen und gelesen werden, denn „the layering of erasures is essential to moving the narrative along".[19] Deshalb muss der Versuch, sich mit einem Mythos auseinander zu setzen, in jedem Fall unvollständig und unzulänglich bleiben, denn „der wahre historische Sinn weiß, daß wir ohne ursprüngliche Fixpunkte und Koordinaten von ungezählten entschwundenen Ereignissen leben."[20]

Aleida und Jan Assmann identifizieren sieben Mythos-Begriffe, die sie an die Stelle einer allumfassenden Mythos-Definition setzen.[21] Als gemeinsamen Nenner bezeichnen sie dabei „den einer Gruppe vorgegebenen Fundus an Bildern und Geschichten".[22] Im Kontext

---

16 Assmann und Assmann 1998, 197. Der Begriff der „erinnerten Geschichte" korrespondiert mit dem Konzept der kulturellen Erinnerung, wie es Peter W. Marx definiert. Er bezeichnet kulturelle Erinnerung als „eine Legitimationskonstruktion (als Teil des Contrat de véridiction), in der die Valeurs mit den Raum-Zeit-Strukturen in Beziehung gesetzt werden. Es handelt sich dabei nicht um eine kulturelle Konstante, sondern um eine relative Größe, die jeweils vor dem Hintergrund eines konkreten Kontextes beschrieben werden kann. Dieser Kontext prägt Wertigkeit sowie auch die Form der kulturellen Erinnerung" (Marx 2003, 157).
17 Barthes 1964, 104.
18 Siehe Klein 1997, 13.
19 Siehe Klein 1997, 253.
20 Foucault 1993, 81.
21 Siehe Assmann und Assmann 1998, 179-181.
22 Assmann und Assmann 1998, 179.

dieser Arbeit erscheint die sechste Begriffszuordnung – „M6" – besonders geeignet für die Auseinandersetzung mit den Wandlungen bzw. unterschiedlichen Ausprägungen eines Mythos. M6 bezieht sich auf literarische Mythen, die

> ständig neu aktualisiert, d.h. umgedeutet und umgeschrieben werden. So setzt die Entflechtung aus der Empraxie gesellschaftlicher Lebenszusammenhänge produktive Umdeutungen und Neudeutungen in Gang. M6 will gerade nicht in seiner Ursprünglichkeit und Verbindlichkeit verstanden werden, [...] statt Heiligkeit gilt hier essentielle Distanz, statt Unveränderlichkeit gilt spielerische Behandlung, Variation und Freiheit der Imagination.[23]

Dieser Mythosbegriff rekurriert auf Hans Blumenberg, der betont, dass Mythen „nicht so etwas wie ‚heilige Texte' sind, an denen jedes Jota unberührbar ist."[24] Ebenso argumentiert Jean-Jacques Wunenburger, wenn er erklärt: „Der Mythos ist eben keine einstimmige, zeitlose, ängstlich behütete Konstruktion."[25] Entscheidend ist vielmehr, so wiederum Blumenberg,

> [d]aß die Rezeption nicht zum Mythos dazukommt und ihn anreichert, sondern Mythos uns in gar keiner anderen Verfassung als der, stets schon im Rezeptionsverfahren befindlich zu sein, überliefert und bekannt ist.[26]

Damit wird die Frage nach dem Ursprung problematisch, weil dieser zwangsläufig schon Teil der Konstruktion sein muss:

> Von Anfängen zu reden, ist immer des Ursprünglichkeitswahns verdächtig. Zu dem Anfang, auf den konvergiert, wovon hier die Rede ist, will nichts zurück. Alles bemißt sich vielmehr in Distanz zu ihm. Deshalb ist vorsichtiger von der ‚Vorvergangenheit' zu sprechen, nicht von ‚Ursprüngen'.[27]

Im Mittelpunkt einer Auseinandersetzung mit Mythen kann deshalb nicht die Suche nach Ursprünglichkeit oder Authentizität stehen, denn „the relentless search for the purity of origins is a voyage not of discovery but of erasure."[28] Dennoch ist von Bedeutung nachzu-

---

23 Assmann und Assmann 1998, 180.
24 Blumenberg 1979, 40.
25 Wunenburger 2003, 299.
26 Blumenberg 1979, 240.
27 Blumenberg 1979, 28.
28 Roach 1996, 6.

vollziehen, was in unterschiedlichen Situationen und Zeiten als Ausgangspunkt eines Mythos verstanden bzw. vorgestellt wird oder wurde, denn es kann Aufschluss darüber geben, wie die mythische „Aufführungspraxis" funktioniert.

1.1. Am Anfang war das Feuer?

Am 8. Oktober 1871 brannte Chicago. Fünfundzwanzig Stunden wütete die verheerende Feuersbrunst, die als das *Great Chicago Fire* ihren internationalen Platz neben den historischen Großbränden von London (1666) und Moskau (1812) einnehmen[29] und für großflächige Legendenbildung sorgen sollte, wie Ross Miller in seiner umfassenden Studie *American Apocalypse. The Great Fire and the Myth of Chicago* aufgezeigt hat:

> The Great Chicago Fire has long enjoyed mythic status. A rich folklore recounts Mrs. O'Leary's actions on the evening of October 8, 1871. Drunk or simply careless, she left her lantern in the barn when she finished milking her cow; the animal kicked over the light and began the blaze that quickly destroyed most of the city. Left out of the fable is any mention of a summer-long drought, a pathetically inadequate fire department, and a dangerous wood building stock.[30]

Die Stadtgeschichtsschreibung wies dem Feuer eine besondere Rolle zu. Jenseits der tatsächlichen Stadtentwicklung wurde es zum Gründungsmythos stilisiert und läutete die Stunde Null ein, auch wenn die *City of Chicago* zum Zeitpunkt der Katastrophe schon mehr als 30 Jahre alt war: „In fact, its blasted condition and its relative freedom from traditions except its own powerful self-mythologized belief in itself, allowed the city to reimagine itself completely."[31]

Noch Anfang des 19. Jahrhunderts war Chicago der „gateway to the unsettled lands of the West"[32] gewesen, ein sumpfiger Grenzposten,

---

[29] Siehe Holthusen 1981, 9.
[30] Miller 1990, 1.
[31] Miller 1990, 139.
[32] Lombardo 2003, ohne Seitenangabe.

der erst 1833 als *Town* und 1837 als *City* inkorporiert wurde.[33] Im Rahmen eines rapiden Industrialisierungsprozesses, den der Soziologe Marco d'Eramo in seinem Buch *Das Schwein und der Wolkenkratzer. Chicago: Eine Geschichte unserer Zukunft* anschaulich beschrieben hat, wurde Chicago jedoch innerhalb weniger Jahre zur „höchstindustrialisierte[n] Stadt der Welt".[34] Die Säulen dieser Entwicklung waren die Technologisierung der amerikanischen Viehzucht und ihrer verarbeitenden Industrien (*meat packaging*)[35] und die Revolutionierung des Transportwesens durch den landesweiten Ausbau der Eisenbahnstrecken, der Chicago zum wichtigsten Verkehrsknotenpunkt der USA machte.[36] Als „Porkopolis der Nation"[37] und Drehkreuz der Transitmoderne wurde Chicago zu einer Chiffre auf der nordamerikanischen Landkarte, die sich mit Marc Augés Begriff des Nicht-Ortes beschreiben lässt:

> So wie ein Ort durch Identität, Relation und Geschichte gekennzeichnet ist, so definiert ein Raum, der keine Identität besitzt und sich weder als relational noch als historisch bezeichnen läßt, einen Nicht-Ort.[38]

Diese Unterscheidung findet vor dem Hintergrund eines Zustands statt, den Augé als „Übermoderne"[39] bezeichnet. „Man könnte sagen, die Übermoderne sei die Vorderseite einer Medaille, deren Kehrseite die Postmoderne bildet – gleichsam das Positiv eines Negativs."[40] Das wichtigste Merkmal dieser Übermoderne ist das Übermaß. Augé identifiziert drei Figuren des Übermaßes, die als zentrale Bezugspunkte fungieren: „die Überfülle der Ereignisse, die Überfülle des Raumes und die Individualisierung der Referenzen."[41] Augé gründet seine Überlegungen auf den Erfahrungen des 20. Jahrhunderts,[42] das sich in seiner Wahrnehmung vor allem durch

---

[33] Siehe Holthusen 1980, 5 und Zukowsky 1987, 15.
[34] D'Eramo 1998, 366.
[35] Siehe d'Eramo 1998, 34.
[36] Siehe d'Eramo 1998, 16-30 und Holthusen 1981, 8. Inzwischen hat das Flugzeug die Eisenbahn abgelöst und Chicago besitzt mit *O'Hare International* den verkehrsreichsten Flughafen der Welt.
[37] D'Eramo 1998, 35f.
[38] Augé 1994, 92.
[39] Augé 1994, 38.
[40] Augé 1994, 39.
[41] Augé 1994, 51.
[42] Siehe Augé 1994, 32.

die Beschleunigung der Geschichte auszeichnet.[43] Als die exemplarische amerikanische *Border Town* des 19. Jahrhunderts funktionierte Chicago unter den gleichen Vorzeichen, denn dort trafen die Grenzen unbekannter Territorien, immenser Menschenströme und neuer Technologien aufeinander und wurden überschritten.

Dabei relativiert Augé, dass „für den Nicht-Ort geradeso wie für den Ort [gilt], daß er niemals in reiner Gestalt existiert; vielmehr setzen sich darin Orte neu zusammen, Relationen werden rekonstruiert."[44] Ebenso setzte die Stadtplanung aus den Überresten der verbrannten Stadt nach 1871 ein neues Chicago zusammen. Auf dem Reißbrett wurde die Metropole neu entworfen und der Nicht-Ort quasi prototypisch in der Form des Wolkenkratzers realisiert:

> So sehr sie zum Symbol amerikanischer Metropolen geworden sind, stellen sie doch die Stadt in Frage, ja negieren sie, sofern man unter Stadt den Ort versteht, wo sich nicht nur Individuen, sondern auch Kulturen, wo sich verschiedene Formen und Funktionen des gesellschaftlichen Lebens begegnen und vermischen.[45]

Über Los Angeles schreibt Norman M. Klein, „[it] is a city that was imagined long before it was built."[46] Im Fall des „neuen" Chicago verliefen Vorstellung und Realisation zumindest kurzzeitig parallel. Durch das Feuer wurde Chicago „the only American city whose myth of founding and development was absolutely contemporaneous with its modern condition."[47]

Bei der Untersuchung von Stadtimaginationen nimmt die Frage nach der Art und Funktion von Mythenbildung eine zentrale Rolle ein. Joseph Roach unterscheidet zwei wesentliche Formen von Gründungsmythen: „the diasporic, which features migration, and the autochthonous, which claims indigenous roots deeper than memory itself."[48] Dabei betont Roach, „[t]hese myths may coexist or compete within the same tradition".[49] Davon ausgehend stellt sich

---

[43] Siehe Augé 1994, 35.
[44] Augé 1994, 94.
[45] D'Eramo 1998, 64.
[46] Klein 1997, 27.
[47] Miller 1990, 12.
[48] Roach 1996, 42.
[49] Roach 1996, 42.

die Frage, ob sich dieses Konzept auf die Gründungsmythophorik[50] von Chicago anwenden lässt. Vereinfachend könnte man zunächst eine Wandlung vom „diasporic myth" – Chicago als Treffpunkt wagemutiger Siedler, die gen Westen streben – zum „autochthonous myth" – Chicago als feuergeborene Stadt der Moderne – vermuten. Allerdings ist dieser Wendepunkt zeitlich klar bestimmbar (8.10.1871), was dem Begriff des autochthonen Mythos, der „indigenous roots deeper than memory itself"[51] für sich beansprucht, zu widersprechen scheint. Gleichzeitig wird durch die Analogie zum Phönix aus der Asche[52] (Abb. 1) und zur biblischen Apokalypse eine mythische Präfeuer-Existenz suggeriert, die viel weiter zurückliegt als die „banalen" physischen Anfänge der Stadt.

Abb. 1: Die Stadt als Phönix (1875)

Diese Widersprüchlichkeit, die den Versuch einer mythischen Positionsbestimmung im Fall von Chicago begleitet, verweist auf die Begrenztheit von Roachs dichotomischer Unterscheidung. Mit dem Feuer „schmilzt" die Vergangenheit der Stadt, eine Rückbesinnung auf die historischen Anfänge erscheint irrelevant und unergiebig. Anders als etwa New York legt Chicago in diesem Moment das mythische Selbstverständnis als Diaspora-Stadt ab. Trotzdem wird der „diasporic myth" nicht einfach durch einen

---

50 Dieser Neologismus nimmt Bezug auf das Konzept der „Mytho-phorie" von Jean-Jacques Wunenburger. Ruth Fischer schreibt dazu: „[Wunenburger] begreift Mythos als unendlichen, ‚offenen' Text, der in einem produktiven Spannungsverhältnis zur Gesellschaft steht. Deren Kultur- und Wissensproduktion instrumentalisiert, übernimmt und transformiert ihn und lässt ihn schließlich im neuen Gewand in das Mytheninventar zurückfließen. So bleiben Form und Bedeutung des Mythos in ständiger Bewegung. In diesem Sinne ist er ‚mytho-phorisch', denn er ist wie das Bild in einer Metapher zu ständiger Bewegung verurteilt" (Fischer 2003, 288).
51 Roach 1996, 42.
52 Siehe Miller 1987, 27.

autochthonen Mythos ersetzt. Die Katastrophe firmiert als *Rite de passage*, in dessen Unmittelbarkeit Chicago für einen Augenblick tatsächlich zum Schmelztiegel seiner selbst mutiert. Der zerstörerische Impact koinzidiert mit der Formwerdung. Aus diesem Vorgang generiert sich die Idee eines „ignitischen" Gründungsmythos:

> Das Feuer wurde von den Einwohnern von Chicago als der große Zeugungsakt ihrer Stadt gesehen. Es zog eine klare Trennungslinie zwischen Chicagos Vergangenheit und seiner Zukunft und kündigte den Anfang des modernen Zeitalters an.[53]

Dabei erlaubt der ignitische Mythos die Zusammenführung bzw. Synchronisierung disparater Elemente, um eine identitätsstiftende Narration zu ermöglichen.

> The fire accelerated an established process of mythologizing in which the negative aspects of frontier settlement were refitted to conform to a positive drama of steady development. The composite tale of survival which was distilled from reams of printed matter about the fire corresponded conveniently to the larger myth of America. Both contain a curious yoking of two seemingly incompatible legends: one of origins, the romance of the frontier's virgin lands, and another of ends, including the prophesied destruction of the world.[54]

Diese Imaginationen erscheinen eng gebunden an die säkularisierte Nutzung bestimmter theologischer Motive und Vorstellungen. Ross Miller beschreibt die religiöse Metaphorik, die unmittelbar nach dem Brand um sich griff:

> Statt die Stadt dem Erdboden gleichzumachen und für immer mit menschlicher Prahlsucht aufzuräumen, war dieser magische Vorgang – vom Teufel oder von Gott gewollt – ohne moralische Implikationen. Das Königreich Gottes, in dem die Bewohner Chicagos am nächsten Morgen wiedererwachten, befand sich nicht im Himmel, sondern in Chicago. [...] Was die Puritaner in den Härteproben der Seefahrt sahen, entdeckten Chicagoer [...] im Feuer. Die ‚Neue Welt' der Puritaner wurde ganz einfach auf die Aschehaufen Chicagos übertragen: eine Wiederholung der ersten ameri-

---

[53] Miller 1987, 37.
[54] Miller 1990, 1f.

kanischen Apokalypse, die alle Unterschiede weggewischt hatte.[55]

Indem die Brandkatastrophe in Korrespondenz zur (Leidens-)Geschichte der *Pilgrim Fathers* – und damit zum essenziellen Gründungsmythos der Vereinigten Staaten schlechthin – gestellt wurde, bekam Chicagos „Auferstehung" einen wichtigen Part in der nationalen Imagination von Auserwählung, Einzigartigkeit und Wiederkehr:

> Mit einem Mal hatte das gelobte Land Amerika die Straßen Chicagos erreicht. [...] Chicago konnte seine Geschichte nicht nur individuell, sondern allgemein und als beispielhaft für die Gesamtentwicklung Amerikas sehen. Es wurde der ideale Übungsplatz für den Selbstfindungsprozeß der Nation.[56]

Mit seinem *Coming-of-Age* durch das Feuer, lieferte Chicago einen wichtigen Beitrag zur amerikanischen *Imagined Community* (Benedict Anderson) des ausgehenden 19. Jahrhunderts. Gleichzeitig war auch auf lokaler Ebene eine möglichst schnelle und effiziente Verwertung des Mythos notwendig, um den Wiederaufbau der Stadt und die Identifikation der Einwohner damit zu ermöglichen. Dafür wurden die Kluft zwischen den verschieden Bevölkerungsschichten und die keineswegs lineare Geschichte der Stadtentwicklung temporär verschleiert:

> The real historical dissonance between the city's frontier wildness and its passion to gentrify [wa]s dropped for the moment in favor of a myth more useful to the business of reconstruction.[57]

Natürlich sah die Realität keine Aufhebung der Klassen- und ethnischen Unterschiede,[58] aber „[t]he 'Chicago Spirit' became a symbol of unity necessary for the long and demanding period of rebuilding."[59] Wenn man mit Barthes argumentiert, dass „der Mythos ein Mitteilungssystem, eine Botschaft ist",[60] wurde das Feuer zum Statement über ein vereintes Chicago, das allerdings zu keinem

---

[55] Miller 1987, 32.
[56] Miller 1987, 36.
[57] Miller 1990, 58.
[58] Siehe Miller 1987, 29.
[59] Miller 1990, 59.
[60] Barthes 1964, 85.

Zeitpunkt wirklich existierte. Die weitverbreitete Legende von O'Learys Kuh hatte die Schuld unmittelbar auf die Armenviertel der Stadt übertragen, die überwiegend von Immigranten bewohnt waren.[61] Gleichfalls vollzog sich der Wiederaufbau der Stadt keineswegs als „equal opportunity" für alle. Durch die pauschale Verschärfung der Brandschutzbestimmungen wurde der ärmere Teil der Bevölkerung der Möglichkeit beraubt, seine einfachen Holzhäuser wieder zu errichten. Diese Menschen verloren damit das so wichtige amerikanische Statussymbol des Hausbesitzes und waren gezwungen, in Mietskasernen zu ziehen, während die besitzende Schicht die Stadt nach ihren eigenen Vorstellungen – vor allem aber geschäftsorientiert – restrukturierte.[62]

Der Mythos des *Great Chicago Fire* bestätigt Barthes' Behauptung, dass die Mythologie „nur eine *geschichtliche* Grundlage haben [kann], denn der Mythos ist eine von der Geschichte gewählte Aussage; aus der ‚Natur' der Dinge vermöchte er nicht hervorzugehen."[63] Dabei kritisiert Barthes den Verlust der Geschichte, denn der „Mythos entzieht dem Objekt, von dem er spricht, jede Geschichte. Die Geschichte verflüchtigt sich aus ihm."[64] Trotzdem bzw. gerade deswegen wurde die Brandkatastrophe in der „official version of survival" auch noch zu späteren Gedenkgelegenheiten als einigendes Ereignis beschworen: „as a time when social differences had melted – the rich and poor were made equal in an instant".[65] Diese Form des Mythengebrauchs impliziert den von Aleida und Jan Assmann geprägten Begriff der „Mythomotorik":

> Mythos fundiert in der Form des kollektiven Gedächtnisses die Identität einer Gruppe. [...] Als verinnerlichte und erinnerte Geschichte stellt er eine treibende soziale Kraft ersten Ranges dar. Geschichte, die zur verpflichtenden Erinnerung verdichtet und in Festen kommemoriert wird, ist Mythos. Solche Erinnerung verwendet die Vergangenheit [...] als einen ‚Motor' für die Verwirklichung kollektiver Ziele, Hoffnungen, Ideale. In diesem Sinne spricht man von ‚Mythomotorik' [...].[66]

---

[61] Siehe Miller 1990, 67 und 76.
[62] Siehe Miller 1990, 75f.
[63] Barthes 1964, 86f. Hervorhebung im Original.
[64] Barthes 1964, 141.
[65] Miller 1990, 145.
[66] Assmann und Assmann 1998, 197.

Chicago, könnte man davon ausgehend argumentieren, verdankt seine Existenz und vor allem seinen rapiden Wiederaufbau diesem Mechanismus. Als Kohärenzfaktor sorgte die konsequente Verwertung der Katastrophe außerdem dafür, dass Chicago in einem größeren nationalen Kontext „heimisch" wurde, in Amerika ankam. „In all local accounts, the fire established Chicago as the most American of American cities. Instantly, it became the newest Old city of the New World".[67]

1.2. White City Chicago

Unter der Prämisse der Positionierung fand auch ein weiteres für Chicago imagebildendes Ereignis statt: die *World's Columbian Exposition* von 1893. Obwohl Chicago auch 1933-1934 eine Weltausstellung (*Century of Progress*) ausrichtete, war die *Columbian Exposition* das Ereignis, das bis heute einen wichtigen Teil der architektonischen Selbstdarstellung der Stadt prägt:

> Viele der wesentlichen Institutionen und Gebäude in den Bereichen Bildung und Kultur verdanken ihre Existenz zumindest teilweise der Weltausstellung: die Universität von Chicago, die 1891 begonnen wurde, das Gebäude des Art Institute of Chicago aus dem Jahr 1893, das ursprünglich als Tagungshalle für die Weltausstellung errichtet worden war, das Fine Arts Building der Ausstellung, das später zum Museum of Science and Industry umfunktioniert wurde, und der erste Abschnitt des Hochbahnsystems, das 1891 erbaut wurde, um das Ausstellungsgelände auf der South Side mit dem Geschäftszentrum zu verbinden.[68]

Mehr als 20 Jahre nach dem Feuer wollte sich die erstarkte Metropole der Welt als „youngest international city"[69] präsentieren. Aber statt die Besucher ins Zentrum der Stadt zu führen, wo die Architekten der Moderne ihre Experimente aufgestellt hatten, wurde südlich davon ein Paralleluniversum geschaffen. Diese Strategie entsprach dem, was Barbara Kirshenblatt-Gimblett mit

---

[67] Miller 1990, 22.
[68] Zukowsky 1987, 22.
[69] Miller 1990, 196.

Blick auf die heutige Tourismusindustrie konstatiert: „Tourists travel to actual destinations to experience virtual places."[70] Die neoklassizistische *White City* (Abb. 2 und 3) lockte als „fetishized environment"[71] mit dem Bild einer Stadt, die zwar in all ihren disparaten Elementen direkt neben dem Ausstellungsgelände tatsächlich existierte, aber durch die Überblendung dem zum Opfer fiel, was Joan Ramon Resina als „vanishing of the city into its image" beschreibt.[72] Mehr noch als der Wolkenkratzer wurde die *White City* damit zum ultimativen Nicht-Ort, denn wie Augé erklärt:

Abb. 2: Administration Building (1893)

> Manche Orte existieren nur durch die Worte, die sie bezeichnen, und sind in diesem Sinne Nicht-Orte oder vielmehr imaginäre Orte, banale Utopien, Klischees. [...] Das Wort öffnet hier keine Kluft zwischen der alltäglichen Funktion und dem verlorenen Mythos; es erzeugt das Bild, schafft den Mythos und sorgt zugleich für dessen Funktionieren.[73]

Der Mythos der *White City* materialisierte sich innerhalb von kurzer Zeit auch im Stadtbild des von der *Columbian Exposition* zu Seite gedrängten Chicago. „Chicago architects and planners had conceptualized their city as a 'dream city' ever since it had hosted the World's Columbian Exposition in 1893."[74] Noch 1924 urteilte Louis Henry Sullivan, der bedeutendste Vertreter der *Chicago School of Architecture*: „Der Schaden, den diese Weltausstellung angerichtet hat, wird noch ein halbes Jahrhundert nachwirken, wenn nicht noch länger."[75]

---

70 Kirshenblatt-Gimblett 1998a, 9.
71 Resina 2003, 8.
72 Resina 2003, 8.
73 Augé 1994, 112.
74 Sennott 1993, 54.
75 Zit. in: Tigerman 1987, 349.

Entscheidender als dieser ästhetische Schuldspruch war jedoch die nachhaltige Funktionserfüllung des Mythos, dessen Aufgabe es nach Hans Blumenberg ist, „Distanz zur Unheimlichkeit zu schaffen."[76] Die Unheimlichkeit in diesem Fall bestand in Chicagos überstürzter Ankunft in der Moderne: „Chicago's fantasy of built-to-order Roman architecture was meant to soften the accumulated effect of the modern".[77] Die Weltausstellung diente also vor allem dazu, die vormals Angst einflößende moderne Stadt als legitime und beruhigend erhabene Fortführung einer ebenfalls mythischen Vergangenheit (griechisch-römische Antike) zu inszenieren und so dem Besucher die Möglichkeit urbaner Harmonie zu präsentieren.[78] Bezeichnenderweise sollte die symbolträchtige *White City* dem gleichen Schicksal zum Opfer fallen wie 1871 das „old frontier Chicago": 1894 brannten die Reste des stillgelegten Ausstellungsgeländes ab.[79]

Abb. 3: Ausstellungsgelände (1893)

---

[76] Blumenberg 1979, 132.
[77] Miller 1990, 196.
[78] Siehe Spinney 2000, 122.
[79] Siehe Spinney 2000, 120. Ross Miller beschreibt dieses Feuer als symbolische Rekapitulation des ignitischen Gründungsmythos: „An arson fire [...] made efficient work of the abandoned White City. The pasteboard facades melted in a parody of the 1871 catastrophe, when iron and stone liquefied in the fifteen-hundred-degree firestorm. The White City in flames linked Chicago again to the source of its myth. Chicago was not another American city of seemingly undeterred progress, but the perpetual creature of fire and ash, truly a phoenix" (Miller 1990, 244f.). Symptomatisch für die Nachhaltigkeit dieser Vorstellung ist die anhaltende Beschäftigung mit dem Thema vor Ort. Zum 130sten Jahrestag hat beispielsweise David Cowan, ein lokaler Autor, 2001 das Buch *Great Chicago Fires: Historic Blazes That Shaped a City* veröffentlicht, in dem er anhand verschiedener Chicagoer Brandkatastrophen eine Stadtgeschichtsschreibung versucht. Die *Chicago Historical Society* hat zudem in Zusammenarbeit mit der *Northwestern University* eine permanente virtuelle Ausstellung geschaffen, die als „Web of Memory" der Informationsvermittlung und Erinnerung an das Feuer von 1871 gewidmet ist:

Für die vorliegende Arbeit, die sich mit der Überlagerung, Ergänzung und Umschreibung von Mythen auseinander setzt, erscheint die historische Einordnung der *Columbian Exposition* durch Ross Miller besonders aufschlussreich:

> The fair was a pageant that recalled the three previous rituals of founding – from Fort Dearborn, through incorporation, to rebuilding after the fire. Together they refined the city's myth of origin. For the fourth time in less than a hundred years, Chicago seemed brand new.[80]

Indem Miller die *Columbian Exposition* in Bezug zu den vorherigen mythenerzeugenden Ereignissen in der Geschichte Chicagos setzt, verweist er auf ein wichtiges Merkmal der Narration, die unter dem Namen bzw. Label „Chicago" firmiert, nämlich ihren polymythischen Charakter. Als Advokat einer „aufgeklärten Polymythie"[81] schreibt Odo Marquard:

> Den Freiheitsspielraum der Nichtidentitäten, der beim Monomythos fehlt, gewährt hingegen die polymythische Geschichtenvielfalt. Sie ist Gewaltenteilung: sie teilt die Gewalt der Geschichte in viele Geschichten.[82]

Diese „Geschichtenvielfalt" beruht auf der potenziellen Beweglichkeit von Mythen, die eine quasi unendliche Relektüre ermöglicht. Durch die konstante Neubewertung ihrer Aussagen entziehen sich die Mythen im besten Fall einer ideologischen Festschreibung, sind aber gleichzeitig auch immer dem Zeitgeist und einem möglichen Missbrauch durch diesen ausgeliefert.

> Die Vitalität der mythischen Sphäre lässt sich daher am besten anhand der Veränderungen der Mythen messen. Dies ist in einem doppelten Sinn, nämlich als die inneren Veränderungen in einem Mythos und als die Veränderungen seiner mythischen Beziehungen, die sich entlang einer kulturellen Zeitreise vollziehen.[83]

---

www.chicagohistory.org/fire. Die Präsentation dokumentiert u. a. auch das „Semi-Centennial", das 1921 mit umfangreichen Feierlichkeiten begangen wurde, für die eigens Lieder und Theaterstücke verfasst wurden.

[80] Miller 1990, 212.
[81] Marquard 2003, 233.
[82] Marquard 2003, 227.
[83] Wunenburger 2003, 299.

Betrachtet man Veränderung als die wichtigste „Konstante", die ein Mythos aufweist, ist die genaue Beschreibung seiner temporären Kondition ein entscheidender Vorgang, um Anhaltspunkte über das Funktionieren des Mythos zu erhalten.

> Blumenberg spricht von der Arbeit *am* Mythos; aber könnte man nicht ebenso gut von der Arbeit *des* Mythos reden, wenn man das faszinierende Schauspiel durch die ganze Geschichte hindurch verfolgt, worin die Menschen vergeblich sich mühen, von ihm loszukommen, um immer wieder neu von ihm eingeholt zu werden?[84]

Diese inhärente Aktualisierungsfunktion des Mythos ist von zentraler Bedeutung für die Auseinandersetzung mit mythischen Strukturen im Kontext bestimmter Repräsentationsphänomene. Vor einem kulturwissenschaftlichen Hintergrund macht es deshalb Sinn, Mythos als „kollektives Imaginaire"[85] zu verstehen,

> das die symbolische Sinnwelt einer Gesellschaft – ihre Wahrnehmungen, Wertsetzungen, Selbstbilder und Rollenzuschreibungen – prägt. Mythos im Sinne massenhaft internationalisierter Denk- und Sehgewohnheiten wird nicht mehr anthropologisch, sondern prononciert historisch als Produkt von Inszenierung und Medienstrategien verstanden.[86]

Davon ausgehend gilt es, den performativen Wert und Charakter des Mythos „Chicago" zu untersuchen. Im Mittelpunkt steht die Beschreibung von Momenten, in denen „erinnerte Geschichte"[87] als dargestellte, aufgeführte bzw. inszenierte Geschichte, oft in transitorischer Gestalt, wiederkehrt. Die „Unstabilität"[88] der Mythen, vor der Barthes kritisch warnt, wird dabei als Erweiterung der Möglichkeiten verstanden:

> Ich habe schon gesagt, daß es keine Beständigkeit in den mythischen Begriffen gibt: sie können sich bilden, können verderben, sich auflösen und gänzlich verschwinden.

---

[84] Hübner 2003, 259. Hervorhebung im Original.
[85] Assmann und Assmann 1998, 185. Im Umkehrschluss definiert Hans Belting das kollektive Imaginäre als die Mythen und Symbole einer Zeit (siehe Belting 2001, 28).
[86] Assmann und Assmann 1998, 185.
[87] Assmann und Assmann 1998, 197.
[88] Barthes 1964, 101.

Gerade weil sie historisch sind, kann die Geschichte sie leicht vernichten.[89]

Mehr als das potenziell apokalyptische Schicksal von Mythen interessiert hier ihre Verformbarkeit und multifunktionale Nutzung, wie bereits in der Beschreibung des *Great Chicago Fire* und der *Columbian Exposition* angedeutet wurde. In den nächsten Kapiteln soll jener Chicago-Mythos untersucht werden, der seinen Ausgang in den zwanziger und dreißiger Jahren des 20. Jahrhunderts genommen hat und bis heute in vielfältiger Form die populären Vorstellungen dominiert. Inszenierungen von Reiseführern, Stadtplänen und Tourismusereignissen, die den Mythos als Verkaufs- und Legitimationsstrategie benutzen, spielen dabei ebenso eine Rolle wie literarische, theaterbezogene und filmische Imaginationen,[90] die die Konvertierbarkeit des Mythos aufzeigen und seine „Reiselust" dokumentieren. „Im Mythos gibt es keine Chronologie, nur Sequenzen",[91] schreibt Blumenberg. Von einigen dieser Sequenzen soll im Folgenden die Rede sein.

---

[89] Barthes 1964, 100f.
[90] Im begrenzten Rahmen dieser Arbeit kann keine Auseinandersetzung mit den „Klassikern" der euro-amerikanischen Chicago-Literatur (Dreiser, Anderson, Sinclair, Sandburg, Brecht etc.) stattfinden. Siehe dazu beispielsweise Smith 1984, Cappetti 1993 oder Seliger 1974. Ebenso wenig kann ein Überblick über den disparaten Korpus an Chicago-Filmen und -Stücken gegeben werden. Die Auswahl orientiert sich stattdessen an bestimmten Motiven und Inszenierungsstrategien.
[91] Blumenberg 1979, 142.

2. Orte des Mythos

Sein Name hat sich dennoch niemals ganz domestizieren lassen. Etwas Unvertrautes, etwas nicht ganz Geheures ist ihm anhängend bis heute, und bestimmte Episoden in der Geschichte der Stadt scheinen ein leises Gefühl des Grauens, das sich für viele Europäer noch immer mit ihm verbindet, zu rechtfertigen.

Hans Egon Holthusen

1978: While eating breakfast at a hotel in Paris, I mention having lived in Chicago. Suddenly, a Parisian stands up, and pretends to fire a tommy gun, as if newsreels of Al Capone were still loose in the world, or more likely gangster films from Warners or Roger Corman. I encountered this gesture two other times during the seventies, while being told by Parisians that Chicago was 'obviously' very dangerous to visit.

Norman E. Klein

I remember honeymooning in Greece when my wife and I shared a restaurant table with an English family. When we told them where we lived, the young son held his fingers in the shape of a gun and said: 'Rat-a-tat-tat, Al Capone.'

Robert E. Lombardo

Unquestionably, Chicago's most notorious 'product' ever was the gangsterism of the 1920s. Several generations later, a native Chicagoan can go few places in the world without hearing a voice uttering the rat-a-tat of a machine gun or the name Al Capone in response to the name of Chicago.

Kenan Heise

2.1. Mapping the Myth

„Jede Mythologie ist Topographie", schreibt Lothar Müller in seinem Aufsatz „Die Großstadt als Ort der Moderne".[92] Ein Mythos, so könnte man davon ausgehend argumentieren, definiert sich über die Orte seines Entstehens und Wirkens. Es erscheint deshalb sinnvoll, den Mythos topographisch zu untersuchen, denn

> [a]ls Verfahrensweise verweist die Topo*graphie* auf eine Weise der Beschreibung, die Wege, Grenzlinien, Verbindungen und Kreuzungsstellen aufzeichnet, also gegenüber jeder systematischen Verknüpfung der Erkundung offener und begrenzter Zusammenhänge den Vorrang gibt.[93]

Bereits in Kapitel 1 habe ich mit Roland Barthes festgestellt, „daß die Bedeutung des Mythos durch ein unaufhörliches Kreisen gebildet wird".[94] Das Raum-Zeit-Gefüge, in dem der Mythos arbeitet, funktioniert dementsprechend jenseits geradliniger Muster oder Schemata, auch wenn Mythen oft herangezogen bzw. präpariert werden, um einer scheinbar chronologischen Narration (z. B. im Rahmen des *Nation Building*) zu dienen.[95] Mit Hilfe einer topographischen Konzeption soll „der einseitigen Orientierung an einer linearen Geschichtszeit"[96] entgegengewirkt werden. Als ein entscheidender Leitgedanke für die Auseinandersetzung mit der Ortsbeschreibung des Mythos kann daher Kennan Fergusons Formulierung „territory never just is, but always means" dienen.[97]

Betrachtet man eine übliche kartographisch abstrahierte Darstellung der *City of Chicago*, bietet sich der Blick auf eine genau gerasterte, geometrische Klarheit statt der „ausgefransten Ecken", wie man sie etwa bei europäischen Städten findet. Dieses einprägsame Raster besitzt für Chicago quasi Logo-Charakter,[98] impliziert es doch ein

---

[92] Müller 1998, 14.
[93] Waldenfels 1999, 12. Hervorhebung im Original.
[94] Barthes 1964, 104.
[95] Siehe Anderson 1996 oder Hobsbawm und Ranger 1986.
[96] Waldenfels 1999, 12. Hervorhebung im Original.
[97] Ferguson 1996, 168.
[98] In seinem Buch *Imagined Communities* entwirft Benedict Anderson den Begriff des „map-as-logo" im Kontext kolonialer Bildproduktion und nationaler Identitätsfindung: „Pure sign, [...] the map entered an infinitely reproducible series, available for transfer to posters, official seals,

Abb. 4: Umriss von Chicago

fundamentales urbanes Ordnungsprinzip nordamerikanischer Provenienz, das die Millionenmetropole am Lake Michigan (vor)bildlich umgesetzt zu haben scheint.[99] Mit etwas Phantasie lässt sich antagonistisch allerdings auch der Umriss eines Pferdefußes erkennen (Abb. 4). Dabei soll an dieser Stelle keineswegs eine Verbindung zum berühmtesten und hochgradig mythischen Besitzer eines solchen unterstellt werden.[100] Aber diese Bild-Idee verweist auf die interpretatorischen Möglichkeiten (und Tücken) repräsentativer Gestaltung, auch wenn sie im Gewand geodätischer Verbindlichkeit daherkommt.

Trotzdem bzw. gerade deswegen soll das Konzept der Kartographie als „Leitmotiv" für den ersten Teil dieses Kapitels dienen. „Cartography I define as a body of theoretical and practical knowledge that map makers employ to construct maps as a distinct mode of visual representation."[101] Ausgehend von der Überlegung, dass der Raum als Produkt von Diskursen ein potenzieller „Träger der mythischen Aussage"[102] ist, bietet die Kartographie einen Ansatzpunkt, dieser „Aussage" nachzugehen, denn „it is possible to view cartography as a discourse, a system which provides a set of

---

letterheads, magazine and textbook covers, tablecloths, and hotel walls" (Anderson 1996, 175).

[99] Ross Miller bezeichnet Chicago als „the American city that most expressively embodies the conflicting representations of modern life. The prosaic grid became the medium that appeared to organize these contradictions" (Miller 1990, 250).

[100] In der Rhetorik der Stadtreformbewegungen des ausgehenden 19. Jahrhunderts und Romanen wie Upton Sinclairs einflussreichem *The Jungle* (1906) gab es allerdings durchaus das Motiv der Stadt Chicago als Vorhölle.

[101] Harley 1992, 233.

[102] Barthes 1964, 86.

rules for the representation of knowledge embodied in the images we define as maps and atlases."[103]

Im anglo-amerikanischen Bereich hat sich in diesem Zusammenhang der Begriff des *Mapping* etabliert.

> Mapping assumes a particular space as given; the function of mapping is to produce a scale representation of this space, a one-to-one correspondence between representation and represented, such that the outcome – the representation – is considered 'accurate' for some specific purpose.[104]

Von zentralem Interesse ist hier die Korrelation von Wissen („knowledge"), Repräsentation und Zweck („specific purpose") mit Blick auf die kartographische Konstruktion von Raum bzw. die Produktion von Bildern des Raums. Der Begriff des *Mapping* wird im Kontext der folgenden Ausführungen sowohl in seiner geowissenschaftlichen Bedeutung als auch in seiner metaphorischen Nutzung verwendet.[105]

„There are many ways to map a given space – none automatic, all requiring a substantive translation from the mapped to the map",[106] erklären Neil Smith und Cindi Katz in ihrem Aufsatz „Grounding Metaphor. Towards a Spatialized Politics". Diese Übertragungsarbeit („translation") funktioniert als formativer Prozess: „[M]apping is an active process whereby the locations, structures and internal relations of one space are deployed in another."[107] Das Entschlüsseln dieses Prozesses bedeutet, „layers of textuality"[108] freizulegen.

> By accepting the textuality of maps we are able to embrace a number of different interpretive possibilities. Instead of just the transparency of clarity we can discover the pregnancy of the opaque. To fact we can add myth, and instead of innocence we may expect duplicity.[109]

In seinem Aufsatz „Unmapping and Remapping the World" erklärt Kennan Ferguson:

---

[103] Harley 1992, 243.
[104] Smith und Katz 1993, 70.
[105] Siehe Smith und Katz 1993, 70.
[106] Smith und Katz 1993, 70.
[107] Smith und Katz 1993, 70.
[108] Pickles 1992, 219.
[109] Harley 1992, 233.

> Mapping serves a powerfully personal function, producing the world as understandable as its discursive productions provide guides for certain modes of travel and highlight sights and sites of importance.[110]

Unter diesen Vorzeichen operiert auch die kartographische Industrie, die im urbanen Kontext vor allem mit der Produktion und dem Vertrieb von thematischen Karten vertreten ist.[111] Dabei lässt sich grob unterscheiden zwischen Stadtplänen für Einheimische, die meist das gesamte Stadtgebiet abbilden, und solchen für Touristen, die sich im Allgemeinen auf jene ausgewählten Ausschnitte beschränken, in denen sich Objekte bzw. *Sites* befinden, die potenziell von touristischem Interesse sind (oder sein sollen). Dabei gilt,

> [t]he map is a purposive cultural object with reasons behind its construction and values associated with its reading. [...] The map is always and necessarily an expression of an idea.[112]

Die häufigste Form der touristischen Stadtkarte in Chicago ist die *Downtown Map*, die in verschiedenen Variationen („Family Map Chicago"[113], „Downtown Transit Sightseeing Guide"[114] etc.) und von diversen Anbietern in Museen und in Tourismuszentren ausliegt. Im Zentrum der Abbildung befindet sich dabei der *Loop*, der von den unmittelbar angrenzenden und je nach Karte mehr oder weniger ausgeweitet dargestellten Stadtgebieten umrahmt wird. Der *Loop* ist die Kernzone der Innenstadt, die „Schlinge oder Schleife, [...] die das ganze enorm weitläufige und buntscheckige Lebewesen Chicago beherrscht und zusammenhält."[115] Diese organische Rhetorik in Hans Egon Holthusens Chicagobeschreibung verweist auf die herausragende Stellung, die dieser Stadtteil in der Außenpräsentation und Selbstdarstellung der Stadt einnimmt. Im *Loop* sind die „Zentren der politischen, wirtschaftlichen und kom-

---

110	Ferguson 1996, 166f.
111	Die geowissenschaftliche Kartographie unterscheidet zwischen (allgemein-geographischen) *topographischen* und (speziellen) *thematischen* Karten (siehe beispielsweise Wilhelmy 2002, 17f.).
112	Pickles 1992, 221.
113	Where Chicago Magazine 2000.
114	Chicago Transit Authority 2000.
115	Holthusen 1980, 19.

merziellen Macht"[116] und die dementsprechenden Repräsentationsbauten versammelt.[117]

Die *Downtown Maps* tragen dieser Tatsache nicht nur Rechnung, sondern sind aktiv an der Produktion und Verbreitung dieses Images beteiligt, denn sie sind „strategic social constructions".[118] Mit Hilfe von Punkten oder Miniatursymbolen präsentieren sie den *Loop* als Sammelbecken der Attraktionen. Durch die Dichte der Sehenswürdigkeiten wird dem Betrachter die Möglichkeit einer ausgesprochen effizienten Freizeitgestaltung suggeriert, vorausgesetzt er bewegt sich innerhalb der Grenzen der *Downtown Map*. Der Benutzer wird also durch die Vorgaben der Karte reglementiert.

> In so far as mapping involves exploration, selection, definition, generalization and translation of data, it assumes a range of social cum representational powers, and [...] the power to map can be closely entwined with the power of [...] social control.[119]

Durch die gezielte „absence and presence on the map"[120] kann das Freizeitverhalten und die „Bildproduktion" von Besuchern, die sich anhand der Stadtkarten orientieren, gesteuert oder zumindest beeinflusst werden. Karten sind in diesem Sinne „a technology of power"[121], wie es J. B. Harley in seinem Aufsatz „Deconstructing the

---

[116] Holthusen 1980, 19.

[117] Die Skyline des *Loop* mit ihren charakteristischen Wolkenkratzern, darunter das höchste Gebäude der Vereinigten Staaten (*Sears Tower*), ist das Hauptmotiv von Postkarten und Reiseführern. „Der faszinierte Blick, etwa auf Hochhäuser, produziert die Vorstellung von der modernen Großstadt als natürlichem Ort industrieller Vernunft und Herrschaft über Natur." (Prigge und Herterich 1988, 308). Symptomatisch ist dabei mit Blick auf das gesamte Stadtgebiet Chicagos, dass es nur wenige Hochhäuser gibt, die sich außerhalb des eng begrenzten *Loop* befinden.

[118] Smith und Katz 1993, 70.

[119] Smith und Katz 1993, 70.

[120] Smith und Katz 1993, 70.

[121] Harley 1992, 244. Er führt dieses Machtelement auf den kartographischen Prozess an sich zurück: „By this I mean the way maps are compiled and the categories of information selected; the way they are generalized, a set of rules for the abstraction of the landscape; the way the elements in the landscape are formed into hierarchies; and the way various rhetorical styles that also reproduce power are employed to represent landscape. To catalogue the world is to appropriate it [...], so that all these technical

Map" formuliert. Entscheidend ist dabei die Interaktion von Imagination und Suggestion, denn

> [j]ede Kartenauswertung erzeugt beim Benutzer ein inneres Bild, eine Vorstellung der räumlichen Verhältnisse als kognitive Karte (Vorstellungskarte, mental map) oder sie bestätigt bzw. korrigiert eine bereits vorhandene innere Karte.[122]

Die betonte Präsenz von umfassenden Unterhaltungs- und Konsumangeboten auf der *Downtown Map* zielt auf die Optimierung des intendierten touristischen Erlebens ab. Dagegen verschleiert die Karte, dass der *Loop* tendenziell unbewohntes Gebiet ist, also, um nochmals zu Marc Augé zurückzukehren, ein „Nicht-Ort", an dem sich primär der Austausch von Waren und das kurzfristige Zusammentreffen und Wiederauseinandergehen von Menschenströmen vollzieht. Die beste Verbildlichung dieser Tatsache bietet die vereinfachte Darstellung des *Elevated* (*EL*) *Train*-Systems Chicagos.[123] Die Netzkarte (Abb. 5) zeigt, dass sich, mit Ausnahme der nur im Vorort Skokie operierenden *Yellow Line*, alle Züge im *Loop* treffen und trennen, wo drei der sechs *Downtown*-Linien selbst eine Schleife drehen, bevor sie zurück in Richtung ihres Ausgangspunktes fahren.

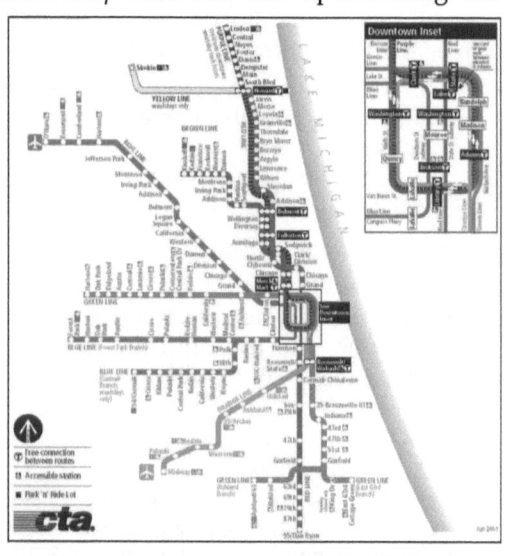

Abb. 5: EL Netzkarte

---

processes represent acts of control over its image which extend beyond the professed use of cartography" (Harley 1992, 244f.).

122 Hake und Grünreich 1994, 342.

123 Die *EL*, ein Hochbahn-Metro-System, ist das öffentliche Hauptverkehrsmittel in Chicago und gleichzeitig ein Wahrzeichen der Stadt.

Einen anderen Zweck verfolgen die sogenannten *Neighborhood Maps*, wie sie beispielsweise die *Chicago Historical Society* herausgibt und ausstellt (Abb. 6). Diese zeigen weder das Straßensystem noch bestimmte Anlaufpunkte. Stattdessen wird Chicago als Gefüge von verschiedenen, klar abgegrenzten Stadtteilen mit illustren Namen präsentiert.[124] Neben der geographischen Lage (*Near West Side, River North*) und dem Rückgriff auf lokale oder nationale Persönlichkeiten (*Rogers Park, Pullman, Lincoln Park*) können diese auch auf die zumeist historische Bevölkerungszusammensetzung bzw. die Immigrantenvergangenheit eines Viertels (*Ukrainian Village, Pilsen, Chinatown*)[125] oder seine strategische Positionierung (*Back of the Yards, University Village*) verweisen.

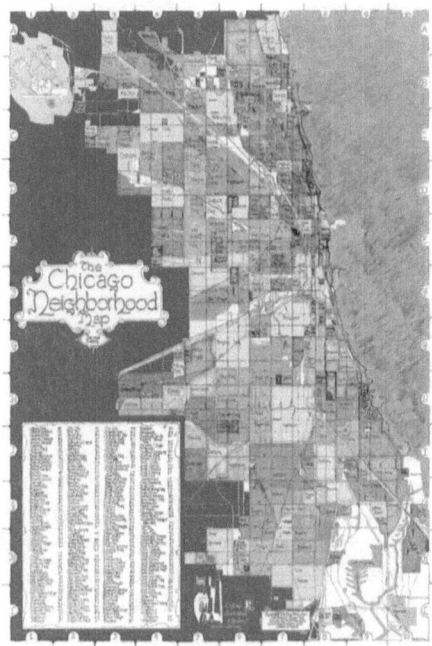

Abb. 6: Neighborhood Map

Diese Einteilung operiert unter dem Zeichen des positiv besetzten Begriffs von *Neighborhood*, der Nachbarschaftlichkeit, Nähe und Gemeinschaft suggeriert und Chicago als Gefüge menschlicher Wohnräume definiert. In diesem Zusammenhang lässt sich mit Kennan Ferguson argumentieren:

> Mapping also serves a powerfully collective function, furnishing coherences that make people into a singular people: defining certain sets of persons as unified through borders and districts. To map is to engage in a procedure of

---

[124] Dabei ist zu beachten, dass es in der Einteilung und Bezeichnung der einzelnen Stadtteile bzw. -viertel selbst bei aktuellen Karten scheinbar keinen allgemeingültigen Konsens gibt.

[125] Chinatown ist das einzige Viertel, bei dem Bezeichnung und die Gruppenzuordnung der Bewohner noch korrelieren.

identity creation at the individual and group level; it is, bluntly to produce the world.[126]

Auf den *Neighborhood Maps* werden die einzelnen Stadtteile in ihren Umrissen oft mit verschiedenen Farben, deren Zuordnung nicht näher erklärt wird, dargestellt. Dadurch entsteht ein Mosaikeffekt, der einerseits den „multi-Charakter" (multiethnisch, multikulturell, etc.) Chicagos beschwört und anderseits eine Einheit und Kohärenz suggeriert, die in der Realität sehr zweifelhaft erscheint.[127] Zur problematischen Begrifflichkeit des „Multikulturellen" schreibt Ferguson:

> Multiculturalism is far often merely a camouflage for an imperious exploitation of difference for the sake of difference rather than a genuine appreciation of specific dissimilarities or even acknowledgement that is possible for people to exist in ways that can be neither experienced nor understood.[128]

Unter dieser Prämisse ist „[d]ie heutige Realität der segregierten Stadt [...] in erster Linie als Landkarte sozialer Ungleichheiten zu lesen und nicht als Mosaik gleichberechtigter aber differenter Lebenswelten."[129] Walter Siebel rekurriert in dieser Aussage auf das Modell der Soziologen der *Chicago School of Sociology*, die in den zwanziger Jahren des letzten Jahrhunderts „die sozialräumliche Struktur der Stadt Chicago als ein Mosaik verschiedener Welten" beschrieben, „das durch den Konkurrenzkampf zwischen sozialen Gruppen zustandekommt."[130]

In einer schematischen Darstellung von 1925 entwarf beispielsweise Ernest W. Burgess die Stadt als ein System von verschiedenen Kreiszonen – Chicago diente dabei als Standardexempel, denn „the differentiation of the cosmopolitan American city into areas is typically all from one pattern, with only interesting minor modifications."[131] Im gemeinsamen Mittelpunkt von Burgess' Kreisen befindet sich der *Loop* als Zone I (Abb. 7). Er wird umschlossen von

---

[126] Ferguson 1996, 166f.
[127] Zu den Problemen der Rassentrennung und Armutskluft in Chicago siehe d'Eramo 1998, 280ff. und Spinney 2000, 265.
[128] Ferguson 1996, 186.
[129] Siebel 2000, 272.
[130] Siebel 2000, 271.
[131] Burgess 1967, 54.

Zone II, die als „Zone in Transition" die Slums beherbergt. Dort finden sich ethnische Enklaven erster Generation wie „Chinatown", das „Ghetto" oder „Little Sicily", dem in unmittelbarer graphischer Nachbarschaft die „Underworld" zugeordnet ist. Zone II ist außerdem als Ort des Lasters („Vice") markiert. Zone III ist der Bereich der „Workingmen's Homes": „It is the region of escape from the slum",[132] wo sich Einwanderer der zweiten Generation, beispielsweise deutsche Juden, niedergelassen haben. Anstelle des Ghettos befindet sich dort dementsprechend „Deutschland":

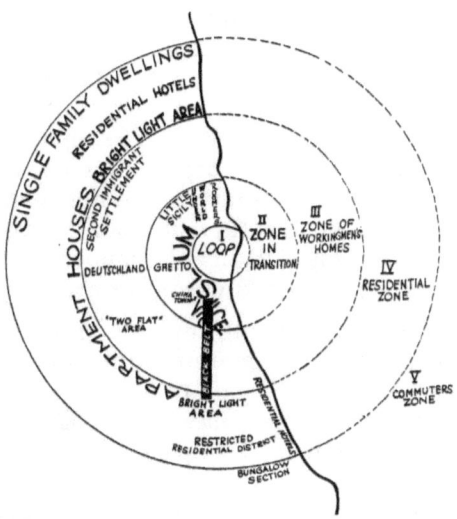

Abb. 7: Kreiskarte von Burgess (1925)

> For *Deutschland* (literally 'Germany') is the name given, half in envy, half in derision, to that region beyond the Ghetto where successful neighbors appear to be imitating German Jewish standards of living.[133]

Außerhalb davon gibt es zwei weitere Zonen. Die „Residential Zone" (IV) bezeichnet Burgess als „Bright Light Area" mit Einfamilienhäusern, Apartmentblocks und Pensionen. Jenseits davon befindet sich die „Commuters Zone" (V). Durch die Kreise II bis IV schneidet der „Black Belt, with its free and disorderly life."[134]

Vor dem Hintergrund einer stadtsoziologischen Auseinandersetzung entwirft Burgess auf diese Weise das Schema einer Metropole, um deren Zentrum ethnische, soziale, kulturelle und Klassenunterschiede zirkulieren. Interessant sind dabei die moralischen Implikationen, die seine Benennung suggeriert: Gegen die Lasterhaftigkeit der Slums, wo sich das „purgatory of 'lost souls'"[135] befindet, steht

---

[132] Burgess 1967, 56.
[133] Burgess 1967, 56. Hervorhebung im Original.
[134] Burgess 1967, 56.
[135] Burgess 1967, 56.

das „promised land"[136] der „Bright Light"-Wohngebiete in den Außenzonen. Über die soziologische Kategorisierung hinaus reflektiert diese wissenschaftsdiskursive Dramatisierung mit ihren religiös-mythologischen Motiven bestimmte Wert- und Lebensvorstellungen des Autors. In diesem Sinne argumentieren auch Barnes und Duncan, „the purpose of maps, in spite of the rhetoric of many positivistic cartographers, is not mimetic [...], but to communicate ideas within a cultural and political context."[137] Das *Mapping* ist also immer von fachübergreifenden, zeitbezogenen Diskursen beeinflusst und wirkt wiederum auf diese zurück.

Im Zusammenhang mit der Frage, wie Stadtkarten jenseits ihrer postulierten Orientierungsfunktion das Bild einer Stadt organisieren und inszenieren, lohnt es sich, einen kurzen Blick auf eine ausgewählte *Downtown Map* aus dem Jahr 2000 zu werfen. Es handelt sich dabei um eine Werbekarte der Firma McDonald's, die die Wegweisung zu „20 of Chicago's Favorite Restaurants" offeriert (Abb. 8). Unter dieser Prämisse präsentiert die Karte Chicago als ultimative McDonald's-Stadt.[138] Zwar sind einige der üblichen Wahrzeichen (*Sears Tower, Field Museum, Hancock Observatory*) eingezeichnet, die eigentlichen Attraktionen aber, so impliziert die Karte, sind die zwanzig McDonald's-Filialen, die die sichtbar glücklichen Menschen im

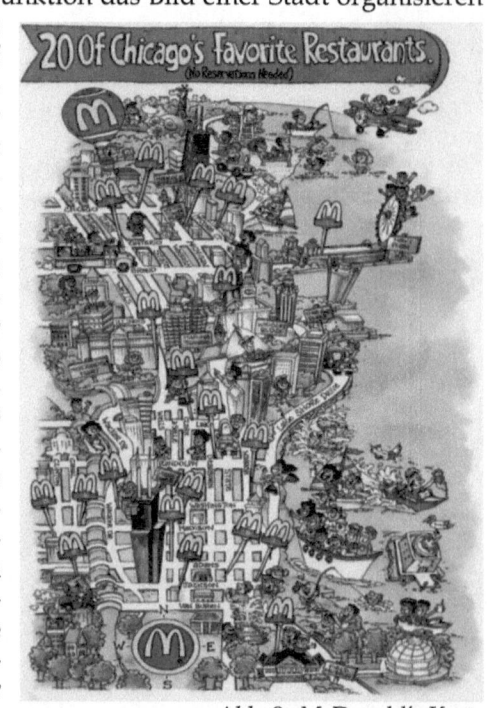

Abb. 8: McDonald's Karte

---

[136] Burgess 1967, 56.
[137] Barnes and Duncan 1992, xii.
[138] Das multinationale Franchise-Unternehmen hat seinen Firmensitz in einem Vorort von Chicago.

Zentrum der Stadt mit Pommes frites, Hamburgern und Milchshakes versorgen. Dazu suggeriert die Karte eine geringe Bebauungsdichte und illustriert die Innenstadt als „grüne Oase". In dieser *Fast Food*-Phantasie wird der *Loop* zur integrierten Spielwiese, wo Schwarze und Weiße, Touristen und Einheimische, Mensch und Tier unter der Ägide des „gelben M auf rotem Grund" durch Konsum Harmonie finden. Wie dieses Beispiel zeigt, lässt sich eine Karte im Dienste von Ideologie und Marktstrategie beliebig graphisch inszenieren, was im Allgemeinen allerdings wesentlich subtiler geschieht als dies hier der Fall ist.

Eine andere Art der ,Spielwiese' präsentieren Karten, die Chicago als Stadt der Gangster in Szene setzen. Im Kontext der Prohibitionszeit[139] und der Geburt der modernen Stadtsoziologie entstanden viele Studien und Karten, die beispielsweise die Territorien verschiedener Gangs und Gangster nachzeichneten. Bereits in Burgess' Schema findet sich der Begriff „Underworld", der geographisch in den Slums in Zentrumsnähe verortet ist. Fred D. Pasleys frühe Biographie der Gangsterikone Al Capone (1931) enthält zwei Karten. Die erste gibt einen Ausschnitt aus dem Stadtgebiet und dem angrenzenden westlichen Vorort Cicero[140] wieder. Die zweite zeigt den *Loop*. Beide Karten sind mit durchkreuzten Kreisen markiert, die bestimmte Positionen kennzeichnen, die im Zusammenhang mit Pasleys Erzählung stehen: Capones Wohnhaus in der Prairie Avenue im Süden der Stadt, seine Hauptquartiere in Chicago („Metropole Hotel") und Cicero („Hawthorne Hotel") ebenso wie die Orte, an denen Mitglieder verfeindeter Gangs umgebracht wurden („O'Banion" und „Weiss" – North State Street; „Moran Gang" – North Clark Street; „Tony Genna" – Grand Avenue). Pasley skizziert auf diese Weise ein Chicago, das über das „Wirken" Al Capones definiert wird.

Eine andere, undatierte Karte (Abb. 9) folgt dieser Idee und spitzt sie zu, indem sie das gesamte Stadtgebiet grob in zwei Hauptbereiche einteilt: den des „Capone Syndicate" und den des „Anti Capone". In beiden finden sich die Standorte verschiedener Gangs („Toughy Gang", „Dion O'Banion/Bugs Moran Gang", „Saltis Gang", „Spike O'Donnell Gang" etc.). Die Art der Markierung ver-

---

[139] Zu Hintergrund und Geschichte der Prohibition in den USA siehe Behr 1997.

[140] In Cicero befand sich gewissermaßen die „Schaltzentrale" von Capones Gangsterimperium (siehe Bergreen 1995, 110ff.).

weist auf ihre Loyalität oder Abneigung zu Capones Organisation. Mit Blick auf die Bestimmung der Territorien wird angemerkt: „The boundaries changed constantly and most territory was claimed by opposing factions". Diese Randnotiz verweist auf die Durchlässigkeit der Zuordnungen und markiert den Raum damit als unsichere Variable, denn „[b]etween the singular interpretation of a territory and the plurality of possibilities latent within it lies an inherent instability".[141] Gleichzeitig entwirft die Karte als Gesamtaussage das monströse Bild einer „infiltrierten" Stadt und bestätigt damit J. B. Harleys Aussage, dass Rhetorik „a universal aspect of all cartographic texts"[142] ist.

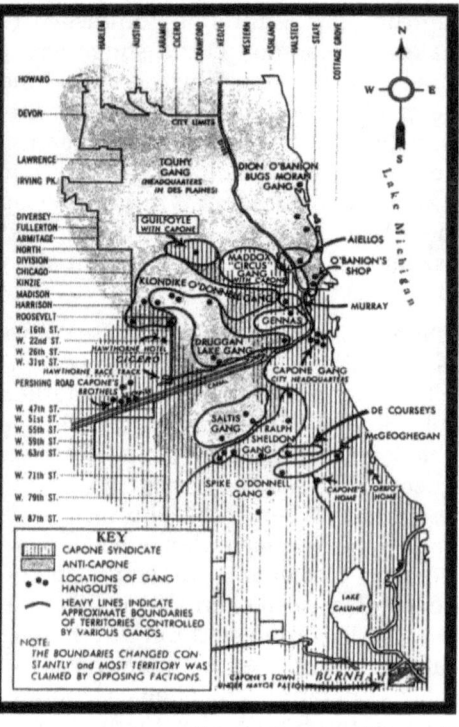

Abb. 9: Gangland Karte (1)

Auf andere Weise wird dieses Motiv in einer Karte von 1931 illustriert, die sich in der Ausstellung der *Chicago Historical Society* befindet (Abb. 10). Im Stil eines Monopoly-Spielplans präsentiert sich die Karte im Vierfarbendruck als:

> Map of Chicago's Gangland from Authentic Sources. Designed to Inculcate the Most Important Principles of Piety and Virtue in Young Persons and Graphically Portray the Evils and Sins of Large Cities.[143]

---

141 Ferguson 1996, 169.

142 Harley 1992, 242.

143 Bruce-Roberts Inc. 1931.

Über dieser Aussage, die in Wappenform gestaltet ist, thront konterkarierend der Kopf von Al Capone mit einer Krone, als Insignien fungieren zwei gekreuzte Pistolen.

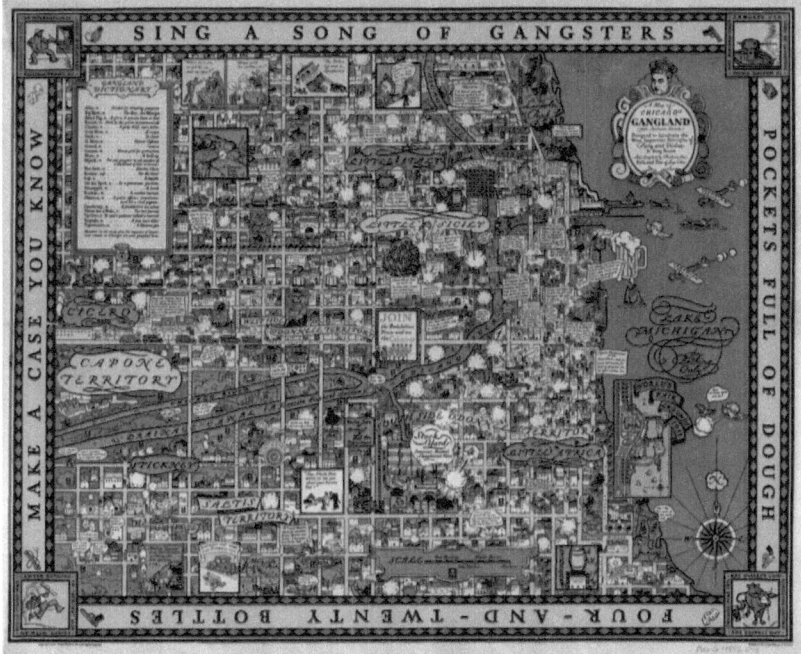

Abb. 10: Gangland Karte (2)

In gleicher Weise stellt auch der Reim, der die Karte einrahmt, die Ernsthaftigkeit der Aussage in Frage:

SING A SONG OF GANGSTERS (oben)

POCKETS FULL OF DOUGH (rechts)

FOUR-AND-TWENTY BOTTLES (unten)

MAKE A CASE YOU KNOW (links)

Die Karte zeigt einen Ausschnitt des Stadtgebiets mit einer ausführlichen, comicartigen Ausgestaltung der einzelnen Bereiche. Statt einer herkömmlichen „objektiven" kartographischen Umsetzung, die auf Neutralitätssuggestion basiert, betont die Karte den inszenatorischen Charakter ihrer Darstellung. Die Grobeinteilung erfolgt entlang ethnischer Viertel („Little Italy", „Little Sicily", „Stickney", „Little Africa") und Gangterritorien („Capone Territory", „Saltis Territory", „O'Donnell Territory"). Der Betrachter ist eingeladen, die Stadt unter den entsprechenden Gesichtspunkten zu betrachten. Statt Hochhäusern und Museen sind die Wahrzeichen verbotene Brauereien, Bordelle oder die „death corner: 50 murders – count 'em". Über den ganzen Plan verteilte Totenkopfsymbole markieren Mord-Tatorte. Im Mittelpunkt stehen kleine Szenen, die untertitelt sind mit parodistischen Beschreibungen wie „15000 alky cookers can't be wrong – can they?" oder „Machine gunners from Detroit arrive in Chicago for post-graduate work". Explosionen, Verfolgungsjagden und Razzien dynamisieren das Bild. Die Benutzungsanweisungen sind spielerisch-ironisch: „Join the Prohibiton Forces and see the Cabarets", heißt es in der Mitte der Karte, während über dem Symbol einer Zielscheibe steht: „For an original Chicago autograph – pin map on wall and shoot here". Als Zugabe gibt es ein „Gangland Dictionary".

Wie die McDonald's-Werbung hat die *Gangland Map* wohl kaum tatsächlich als Stadtplan fungiert. Im Gegensatz zu jener besitzt diese Karte jedoch neben ihrer Unterhaltungsfunktion ein dekonstruierendes Moment, indem sie die Einheit der Stadt in (Spiel)Situationen auflöst und in ihrer Abbildung die Simultanität von Ereignissen inszeniert, die jeder Chronologie widerspricht. Dieses farbenprächtige Patchwork erscheint wie eine bildgewordene Analogie zum Wirken des (postmodernen) Mythos, das Aleida und Jan Assmann folgendermaßen beschreiben:

> Ästhetisierung und Mythisierung werden als verwandte Geisteslagen entdeckt, beide sind durch spielerische Distanznahme, gleichschwebende Aufmerksamkeit und Suspension von Normativität gekennzeichnet.[144]

Auch Marquards Idee der Polymythie lässt sich hier anwenden, besonders wenn man die Vielfalt und Heterogenität der dargestellten Szenen betrachtet:

> Den Freiheitsspielraum der Nichtidentitäten, der beim Monomythos fehlt, gewährt hingegen die polymythische Geschichtenvielfalt. Sie ist Gewaltenteilung: sie teilt die Gewalt der Geschichte in viele Geschichten.[145]

---

[144] Assmann und Assmann 1998, 196f.
[145] Marquard 2003, 227.

Dichte, Originalität, Detailgenauigkeit und Farbigkeit der Graphik machen die Karte zu einem Objekt, das einerseits über seine starke Visualität,[146] anderseits über seine Einbindung in den Diskurs der Zeit funktioniert. „Eine Karte muß [...] leicht *lesbar* sein"[147], erklärt die Kartographietheorie. Dies verweist sowohl auf die enge Relation von Kartographie und Semiotik[148] als auch darauf, dass eine Karte auf einen bestimmten Code zugeschnitten ist, in dessen Besitz sich der implizierte Benutzers/Betrachter befinden muss. „All maps strive to frame their message in the context of an audience."[149] Dabei nimmt die mediale Inszenierung der Karte eine entscheidende Rolle ein:

> Maps constantly appeal to their potential readership through the use of colour, decoration, typography, dedications or written justifications of their method [...]. Rhetoric may be concealed but it is always present, for there is no description without performance.[150]

Während viele der „Szenen" der *Gangland Map* heute ein bestimmtes Hintergrundwissen über die Prohibitionszeit in Chicago voraussetzen, konnten die „Gangster-Fakten" (und Fiktionen) 1931 ohne große Erklärungen zu einer lesbaren illustrativen Stadtkarte verarbeitet werden, da sie auch aufgrund ihrer massenmedialen Verbreitung allgemein bekannt waren.

Obwohl Einzelheiten bzw. Feinheiten verschlüsselt bleiben, funktioniert das „grundsätzliche" Lesen der Karte mit Hilfe des Mythos auch heute noch relativ problemlos, da zwar nicht die Details im Diskurs erhalten geblieben sind (ein Mythos basiert auf Vereinfachung und Vergessen), aber die zugehörigen metonymischen Begriffe weiterhin wirkungsvoll zirkulieren („Al Capone", „Gangster", „Machine Gun"). Der Mythos dient in diesem Zusammenhang als Lese-Code und macht die Karte zum Träger seiner Aussage, weil sie

---

[146] Diese Visualität ist ein weiterer Anhaltspunkt für die Relation von Karte und Mythos, denn „[u]nter den verschiedenen Darstellungsmodalitäten und Aggregatzuständen des Mythos ist neben der Narrativität die kondensierte Bildhaftigkeit besonders hervorzuheben" (Assmann und Assmann 1998, 188).
[147] Wilhelmy 2002, 17. Hervorhebung im Original.
[148] Siehe Hake und Grünreich 1994, 25 und 89.
[149] Harley 1992, 242.
[150] Harley 1992, 242.

das Bild von Chicago als mythischer Stadt der Gangster ironisiert und gleichzeitig erfolgreich reproduziert:

> Here the interplay of codes and words constitutes a distinctive image form, in which the message is achieved largely in terms of the interplay and duality of graphic and linguistic meaning.[151]

2.2. „All for Al and Al for All"

Im Sinne dieser „Image-Industrie" funktionierte Ende der 1920er, Anfang der 1930er Jahre eine ganze Reihe von Publikationen, die mit Titeln wie *X Marks the Spot. Chicago Gang Wars in Pictures* oder *Al Capone on the Spot. The Inside Story of the Master Criminal and His Bloody Career* im Umlauf waren (Abb. 11).

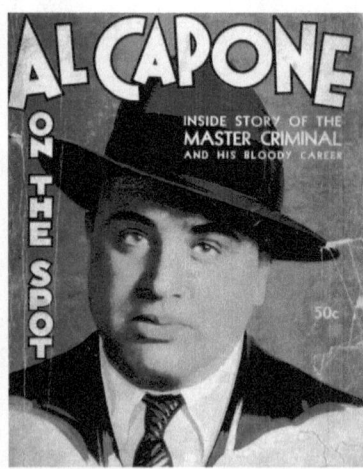

Abb. 11: Pulp Magazines (Originale)

Diese *Pulp Magazines*, „cheap, brief picture books sold on newsstands",[152] kombinierten reißerische Berichte, die ihre Informationen vom „Hören-Sagen" und aus der Boulevardpresse bezogen, mit

---

[151] Pickles 1992, 221.
[152] Ruth 1996, 119.

explizitem Bildmaterial. Im Mittelpunkt stand dabei zumeist der Versuch, Typologien lokaler Gangster zu entwerfen und sensationstaugliche Relationen zu inszenieren, die sich gewinnbringend vermarkten ließen. „[T]he reporting of gang murders sold newspapers, which made such stories attractive to publishers. [...] [G]ang wars were important local news."[153]

Abb. 12: Pulp Magazines (Souvenirbücher)

Obwohl die Originale dieser Magazine inzwischen Raritäten geworden sind, die in Archiven und meist nur zur Ansicht vorliegen, sind einige der Hefte über die touristische Vermarktung in die Zirkulation zurückgekehrt. Inhaltlich nahezu unverändert werden die oben genannten Titel in Souvenirläden und im Kontext von themenspezifischen Tourismusangeboten als *Chicago Gang Wars Illustrated* und *Capone's Chicago* verkauft (Abb. 12). Die Originaltitelbilder wurden dabei in beiden Fällen durch das gleiche, wenn auch unterschiedlich gelayoutete Foto von Al Capone ersetzt. Die auffällig schlechte Druckqualität, unter der besonders das Bildmaterial gelitten hat, erscheint dabei einerseits der kostenminimierenden Massenproduktion von Souvenirartikeln geschuldet und anderseits als Teil einer spezifischen Inszenierungsstrategie zu funktionieren. Um den Verkauf dieser materialtechnisch minderwertigen Publikationen zu stimulieren, beschwört diese Inszenierungsstrategie deren

---

[153] McDonough 1989, 26.

Status als Zeitdokumente. Zentraler Bezugspunkt ist dabei das Wiederauftauchen des „Authentischen", wie das Vorwort zu *Chicago Gang Wars Illustrated* suggeriert:

> It is interesting to note the original typeface and grammatical structure as presented to the reader in its virtually uncut and only minimally edited form. The stories accompanying each picture are interlaced with quaint euphemisms and archaic slang, indigenous of the era.[154]

Ausgehend von dieser Betonung der fast missionarischen Erhaltung des Originalcharakters wird die „Rettung" und Überlieferung des Werks dramatisch präsentiert:

> A Capone-ordered 'search-and-destroy' mission nearly wiped out the entire work, had it not been for the loyal relatives and friends who kept them hidden and preserved.[155]

Dementsprechend besitzt schon das bloße Zustandekommen der Neuauflage eine mythische Qualität:

> This collection was virtually lost in an attic trunk until the turn of the century, when, in 1996, it was accidentally uncovered, and 'dusted' off for the first time in sixty years. [...] This collection is the only known copy in print of the eight which were reproduced from the original manuscript.[156]

Jenseits dieser Marketing-Rhetorik ist die Wiederveröffentlichung aber vor allem deshalb interessant für die vorliegende Arbeit, weil sie eine Relektüre der Hefte im Kontext einer touristischen Mythosproduktion ermöglicht.[157]

So wie die Stadtverwaltung unter Tilgung jeglicher Hinweise auf „Chicago's 'rat-a-tat-tat' image"[158] die Stadt als einladende, touristisch gut erschlossene Metropole präsentieren möchte, setzen die Herausgeber der *Pulp Magazines* auf das Bedürfnis von Touristen und Laienhistorikern, Chicago vor Ort, aber auch aus der Ferne in seinem „Gangster-Outfit" zu imaginieren. Indem sie die Ableger des

---

[154] Dremon Press 1999, 1.
[155] Dremon Press 1999, 1.
[156] Dremon Press 1999, 1.
[157] Eine Untersuchung der zeitgenössischen Leserschaft ist im Rahmen dieser Arbeit nicht möglich. Mit Preisen zwischen 25 und 50 Cents kann man die *Pulp Magazines* vermutlich mit dem deutschen Groschenroman vergleichen.
[158] Dubin 1992, 31.

Boulevardjournalismus der 1920/30er Jahre neu auflegen, reproduzieren sie den Mythos, denn „[m]an mag sagen: Ein Mythos ist fiktiver als eine ‚history' und realer als eine ‚story'; aber das ändert nichts am Grundbefund: *Mythen sind Geschichten.*"159 Diese Geschichten fluoreszieren in der Dokufiktion der Hefte, die das „angenehme Gruseln" durch die Montage von Porträtaufnahmen, Zeitungs- und Tatortfotos, oft mit expliziter Abbildung der Leichen bieten.160 „In dieser Situation bekommt alles, was einst den Schrecken der Stadt ausmachte, entspannende Funktion."161 Auffällig ist die theatralische Qualität der Bilder, die wie Szenenfotos, Filmstills oder Setaufnahmen wirken.162 Aus der

Abb. 13: Tatort-Fotografie (1)

Vogelperspektive aufgenommen zeigt ein Foto in *Capone's Chicago* beispielsweise das „Set" eines Tatorts (Abb. 13): Die Leiche liegt unbeachtet am Rand des Bürgersteigs, in großem Abstand davon

---

159 Marquard 2003, 223. Hervorhebung im Original.
160 Der Gangster als Leiche war ein beliebter Topos der *Pulp Magazines*. Es gab beispielsweise mit *The Morgue. The Gangster's Final Resting Place* ein Heft, dass sich exklusiv den Todesfotos und Aufbahrungen von berüchtigten Kriminellen widmete.
161 Jähner 1998, 229.
162 Der israelische Künstler Oz Almog hat korrespondierende (Foto)Motive im Katalog zu seiner Ausstellung „Kosher Nostra – Jüdische Gangster in Amerika 1890-1980" im Jüdischen Museum der Stadt Wien 2003/2004 verwendet, die zum Teil direkt dem Bildmaterial der *Pulp Magazines* entsprechen (siehe Almog 2003b). Der Einfluss des Gangster-*Pulp* auf bestimmte Ästhetisierungsstrategien in Kunst und Film wäre noch zu untersuchen.

stehen mehrere Männer, deren Aufmerksamkeit jedoch in erster Linie den zwei Autos im oberen Teil des Bildes zu gelten scheint. Geschäftig baut ein Fotograf sein Stativ auf, um seine Ausrüstung für eine Nahaufnahme der Leiche vorzubereiten, wie der Bildtitel erklärt: „Note the cameraman setting up his box to shoot the closeup shown in the circle."[163] Aufschlussreich ist ein Vergleich von Totale und Nahaufnahme, die auf der gleichen Seite abgedruckt sind: Der Hut, der sich auf dem Überblicksfoto auf dem Fußweg befindet, liegt in der Nahaufnahme auf der Straße vor der Leiche; unmittelbar hinter dem Toten, in dessen Nähe die Totale keine Person zeigt, sind im *Close-Up* die Beine bzw. Schuhe von umherstehenden Beobachtern zu sehen. Die Szenerie wurde also fototauglich umorganisiert.

Das durchschnittliche Foto der *Pulp Magazines* präsentiert den Tatort mit der Leiche im Vordergrund bzw. in exponierter Lage. Ermittler und Presseleute posieren dazu mehr oder weniger aufdringlich im Hintergrund (Abb. 14 und 15). Neben reißerischen Überschriften wie „The King Dies",[164] „Beer and Blood",[165] „All for Al and Al for All"[166] oder „The Union of Death"[167] gibt es Bildunterschriften, die das Publikum mit professioneller Beiläufigkeit und pseudowissen-

Abb. 14: Tatort-Fotografie (2)

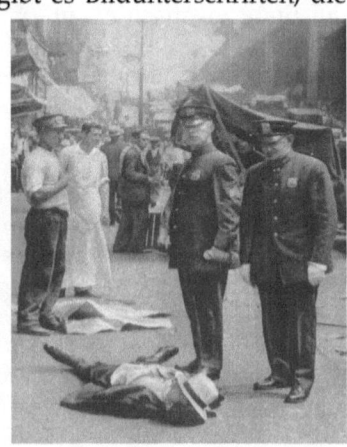

Abb. 15: Tatort-Fotografie (3)

---

163 Enright 2000, 32.
164 Dremon Press 1999, 6.
165 Dremon Press 1999, 10.
166 Dremon Press 1999, 55.
167 Enright 2000, 51.

schaftlichem Anstrich unterhalten sollen:

> Here's an interesting study in the elimination as practiced by killers of Gangland. Eddie Davis [...] a small-time gangster, apparently was punished for his many sins on the spur of the moment, as he stood in a thirst clinic hoisting a beer.[168]
>
> Chicago murder methods originated in New York, from where they were imported by Al Capone. Here is Geraldo Hedmano, the victim of underworld vengeance at the wheel of his taxicab.[169]
>
> Public execution has been brought to its highest efficiency by gangdom. Here lies Giuseppe Micello, former convict, shot down by gangsters while 200 persons looked on.[170]

Bestimmte Signalwörter aus Ökonomie und Wissenschaft versprechen Seriosität bei der Beschreibung von Effizienz, Methodik und Organisation der *Gangland*-Kriminalität und reflektieren den angeblich aufklärerischen Anspruch:

> In its terrible truth, this book will become of tremendous value in obliterating gangsters from the Chicago scene.[171]

Gleichzeitig generieren die suggestive Montage der Bilder und das mit Pathos, Melodrama und Mythos geladene Spannungsverhältnis von Sensation, Fakt und Fiktion einen voyeuristisch-verklärenden Blick auf die Ära. „[For] a public fascinated by gangsters",[172] entwerfen die Hefte Charaktere und Szenarien. Im Vorwort zu *Chicago Gang Wars Illustrated*, das für die Wiederveröffentlichung eingefügt wurde, heißt es:

> [The stories] are told in a straight-foward, 'letter-to-home' style, intoned with a certain 'admiration' for each character, lauding him, in a way, for the ability to somehow shock, yet mesmerize.[173]

Dementsprechend werden die dramatis personae ein- bzw. vorgeführt. Den Porträtfotos sind kurze Statements zugeordnet. Meist nur sehr knapp werden die abgebildeten Personen darin mit charakte-

---

[168] Dremon Press 1999, 13.
[169] Enright 2000, 40.
[170] Enright 2000, 49.
[171] Dremon Press 1999, 3
[172] McDonough 1989, 29.
[173] Dremon Press 1999, 1.

ristischen Attributen belegt. Die Kurzprofile dienen der einführenden Präsentation der Figuren, die dann im Text und anderen Bildzusammenhängen ihren größeren „Auftritt" haben.

> Dion O' Banion [...] Boozedom's personality boy [...].[174]
>
> 'Little Hymie' possessed a blow-torch personality as you ought to be able to see from this photograph.[175]
>
> Vincent 'Schemer' Drucci [...] the opera-loving hoodlum [...].[176]
>
> The boy with the smile is 'Molps' Volpe, the boy wonder of gangland.[177]
>
> Julius Rosenheim, an informer of rare touch [...].[178]
>
> Frankie MacEarlane, Gangdom's most ruthless killer.[179]
>
> Frank Rio, the mild looking man [...], is Capone's chief bodyguard [...].[180]

Auf diese Weise werden die verschiedenen Rollenfächer der Gangsterfigur durchgespielt, die in der überlebensgroßen mythischen Person Al Capones kulminieren bzw. von dieser noch übertroffen werden:

> With no intention eulogizing him, Capone unquestionably stands out as the greatest and most successful gangster who ever lived. [...] [T]he difference between him and all other gangsters is that he is possessed of a genius for organization and a profound business sense.[181]

Al Capone ist die zentrale Figur, um die sich die „Kreise" (Barthes) des Gangstermythos bewegen.[182] „By 1929, he had become an international celebrity, and the press provided coverage of Capone's

---

[174] Dremon Press 1999, 15.
[175] Dremon Press 1999, 19.
[176] Dremon Press 1999, 34.
[177] Dremon Press 1999, 40.
[178] Dremon Press 1999, 45.
[179] Dremon Press 1999, 54.
[180] Enright 2000, 18.
[181] Dremon Press 1999, 2.
[182] Die umfassendste Darstellung der historischen Person Al Capone im Kontext ihrer Zeit findet sich in Laurence Bergreens 1994 publizierten Werk *Capone. The Man and the Era*.

daily activities."[183] Dementsprechend widmen ihm auch die *Pulp Magazines* einen Großteil ihrer Aufmerksamkeit. Während *Capone's Chicago* vor allem darauf zielt, eine persönliche Beziehung von Autor und Gangster und damit eine besondere Exklusivität der Erzählung zu suggerieren („Al Capone As I Know Him"[184]), betont *Chicago Gang Wars Illustrated* die Topographie(n) des Verbrechens. Über das Heft verstreut finden sich verschiedene *Snapshots* von relevanten Lokalitäten, darunter Polizeistationen, illegale Brauereien, Bars, Bordelle, die „Death Corner"[185], „Battle Fields in Cicero"[186], „Whoopee Spots in Chicago Night Life"[187], „Homes, Haunts and Headquarters of Famous Chicago Gangsters"[188] und „Gangland's favorite Undertaking parlor"[189]. Diese Architekturfotografie im Miniaturformat ist von begrenzter Qualität, übt aber eine wichtige Funktion aus, indem sie Orte auch jenseits von Tatortszenerien als *Sites* markiert und so eine synekdotische Verbindung von Ort und Gangstertum herstellt.

2.3. Chicago als Planspiel

Die Idee der nachhaltigen metaphorischen „Kontaminierung" von Orten erweitert und nutzt der in Chicago lebende Autor Richard Lindberg als Grundlage für sein 1999 veröffentlichtes Buch *Return to the Scene of the Crime. A Guide to Infamous Places in Chicago*.[190] Darin geht er der Geschichte von Lokalitäten im Stadtgebiet Chicagos nach, die zu bestimmten historischen Zeitpunkten Tatorte von Ver-

---

[183] McDonough 1989, 29.
[184] Enright 2000, 7.
[185] Dremon Press 1999, 23.
[186] Dremon Press 1999, 17.
[187] Dremon Press 1999, 24.
[188] Dremon Press 1999, 24.
[189] Dremon Press 1999, 20.
[190] Ausgehend vom großen Erfolg dieses Projekts hat Lindberg 2001 die Fortsetzung *Return again to the Scene of the Crime. A Guide to Even More Infamous Places in Chicago* veröffentlicht. Aus Gründen der Relevanz und mit Blick auf den begrenzten Rahmen dieser Arbeit, soll hier nur das erste Buch näher betrachtet werden.

brechen oder schwerwiegenden Unglücksfällen waren und denen dieses „Brandmal" nach Lindbergs Ansicht bis heute anhängt:

> There are many such places that I have located in Chicago, pointing to the inescapable fact that crime and criminal activity of historic proportions forever stigmatize neighborhoods long after the perpetrators responsible for the outrage move on.[191]

Um diese Verschränkung von Topographie und Verbrechen noch stärker zu akzentuieren, entwirft er den Begriff der „cursed site":

> Because so many famous crime scenes evolve into contaminated and neglected brown fields overrun with weeds and garbage, while gentrification of nearby areas goes forward unimpeded, I am convinced that these sites are tragically cursed.[192]

Lindbergs Beharren auf dem fatalen Nachwirken der Geschichte impliziert eine mythosorientierte Imagination der Orte. Dabei repräsentiert der Fluch per se bereits eine zentrale mythische Kategorie. Wie Hans Blumenberg erklärt:

> Allen Affinitäten zum Mythos ist gemeinsam, daß sie nicht glauben machen oder auch nur glauben lassen, es könne etwas in der Geschichte der Menschheit je endgültig ausgestanden sein, wie oft auch man es hinter sich gebracht zu haben glaubte.[193]

Der Fluch *als* Mythos ist in diesem Sinn ein narrativer Wiedergänger. Davon ausgehend lässt sich argumentieren, dass Lindberg in seinen Ortbegehungen das Wirken des Mythos nachzeichnet.

> Blumenberg spricht von der Arbeit *am* Mythos; aber könnte man nicht ebenso gut von der Arbeit *des* Mythos reden, wenn man das faszinierende Schauspiel durch die ganze Geschichte hindurch verfolgt, worin die Menschen [und Orte] vergeblich sich mühen, von ihm loszukommen, um immer wieder neu von ihm eingeholt zu werden?[194]

Obwohl die Narration des Buches an sich nicht von besonders übersinnlichen Vorstellungen geprägt ist, stellt Lindberg mit dem Konzept der „cursed site" auch seine Neigung zur Idee der „Geister-

---

[191] Lindberg 1999, xviii.
[192] Lindberg 1999, xv.
[193] Blumenberg 1979, 60.
[194] Hübner 2003, 259. Hervorhebung im Original.

jagd" heraus. Mit gelegentlichen Referenzen auf die „local ghost hunters"[195] situiert er sich in einem bestimmten populärwissenschaftlichen Geschichtsdiskurs, den er als Gegenentwurf zu Darstellungen von offizieller Seite versteht: „leaving only the City of Chicago and the cultural high brows to fuss and fume over the inappropriateness of it all."[196]

Vor diesem Hintergrund ist seine Publikation in der Tradition der *Pulp Magazines* zu sehen, auch wenn Lindberg sich selbst als seriöser Stadthistoriker betrachtet.[197] Bereits die Wahl des Titelbilds, eine Tatortszene mit Leiche, Publikum und Fotograf (Abb. 16), erinnert an die Fotokollektion der Hefte. So wie in *Chicago Gang Wars Illustrated* betont wird, dass es „no intention of eulogizing"[198] gäbe

Abb. 16: Cover

und die Berichterstattung „purely from an objective standpoint" erfolge, erklärt Lindberg in der Einleitung seines Buches:

> *Return to the Scene of the Crime* is neither a celebration of the great deeds of the men and women who inhabited America's most representative metropolis, or a glorification of their villainy and misbehavior. Rather, it is a historic compilation of unhistorical events; and a roadmap to places and events you are not likely to find listed in the pages of *Fodor's* or the *Michelin* guide.[199]

Dieses Statement enthält die wichtigsten Angaben zu Lindbergs Methode und Absicht. Er will das Negativ – im doppelten Wortsinn – zur üblichen Stadtgeschichtsschreibung entwickeln und kombi-

---

195 Lindberg 1999, xiii.
196 Lindberg 1999, xiii.
197 Lindberg hat seit den 1970er Jahren verschiedene Bücher zu lokalrelevanten Themen veröffentlicht, darunter *Who's on Third: the Chicago White Sox Story* (1983), *Chicago Ragtime: Another Look at Chicago 1880-1920* (1985) und *Passport's Guide to Ethnic Chicago* (1992).
198 Dremon Press 1999, 2.
199 Lindberg 1999, xviii. Hervorhebung im Original.

niert dafür Formen der historischen Recherche mit Erzählstrategien der Reiseführerliteratur. Bereits *Chicago Gang Wars Illustrated* nutzt das Motiv der Reise als Präsentationskonzept und verspricht,

> this book will take you along the journey traveled by Mr. Capone in reaching his present height. It will show you What and When and How and Where, but not Why.[200]

Aber während die *Pulp Magazines* die Gangsterära der Prohibition – „the bloodiest era in the history of Chicago"[201] – „dokumentieren", hat sich Lindberg einen größeren Aktionsradius gesetzt. Für seine Leser inszeniert er eine achronologische Zeitreise, die sich über zwei Jahrhunderte Stadtgeschichte erstreckt und versucht, auch das „Why" zu klären.

Das Buch ist in acht Kapitel bzw. Touren eingeteilt, die ihre geographische Lokalisierung im Titel tragen. Lindberg setzt dabei auf die „Unterhaltungsfunktion der Stadt",[202] indem bereits einige der Kapitelüberschriften auf bekannte Filmtitel verweisen:

> Tour 1 – On the Waterfront: Downtown Stories
>
> Tour 5 – North by Northwest: Kenilworth to Barrington
>
> Tour 6 – West Side Stories

Auf diese Weise – „Chapters correspond to the geography of Chicago and its surrounding suburbs"[203] – konstruiert Lindberg eine imaginative Geographie[204] der Stadt Chicago basierend auf einer Topographie des Grauens. „In so far as mapping involves exploration, selection, definition, generalization and translation of data, it

---

[200] Dremon Press 1999, 2.
[201] Cowdery in Enright 2000, 5.
[202] Jähner 1998, 232.
[203] Lindberg 1999, xix.
[204] Edward Saids Idee einer „imaginative geography" kann als eine parallele bzw. ergänzende Überlegung zum Modell des *Mapping* verstanden werden. In seiner 1978 veröffentlichten Studie *Orientalism* stellt Said die „imaginative geography" einem positivistischen Geographieverständnis gegenüber (Said 1994, 49ff.). Ein zentraler Aspekt ist dabei die inhärent theatrale Qualität des Imaginativen: „For there is no doubt that imaginative geography and history help the mind to intensify its own sense of itself by dramatizing the distance and difference between what is close to it and what is far away" (Said 1994, 55). Saids Ausführungen bleiben allerdings sehr skizzenhaft und unkonkret. Aus diesem Grund nutzt diese Arbeit vorrangig den Begriff des *Mapping*.

assumes a range of social cum representational powers".[205] Im Rahmen seiner Relektüre der Stadtgeschichte, entwirft Lindberg für den Leser-Touristen „landmark[s] of crime"[206], deren Hauptmerkmal und Gemeinsamkeit darin besteht, dass sie nicht auf der offiziellen *Chicago Landmarks Map*[207] verzeichnet sind.

> The pleasures of tourism stem from complex processes of both production and consumption. [...] [B]oth production and consumption are socially organised, and [...] the gaze must be directed to certain objects or features which are extraordinary, which distinguish that site/sight of the gaze from others. Normally there is something about its physical properties which makes it distinct, although these are often both manufactured and have to be learnt. But sometimes it is merely a place's historical or literary associations which make it extraordinary [...].[208]

Man sollte in diesem Zusammenhang allerdings eher von virtuellen „landmarks" sprechen. Wie Kevin Lynch erklärt,

> the use of landmarks involves the singling out of one element from a host of possibilities, the key physical characteristic of this class is singularity, some aspect that is unique or memorable in the context.[209]

Die reine physische Erscheinung der von Lindberg ausgewählten und beschriebenen Orte reicht in den meisten Fällen („neglected brown fields") nicht (mehr) aus, um die Phantasie der Betrachter anzuregen. Im Gegensatz zu beispielsweise einem Wolkenkratzer im Zentrum besitzen sie eine niedrige Bildhaftigkeit bzw. *Imageability*[210]. Für Lindbergs Auswahl trifft deshalb zu, was Barbara Kirshenblatt-Gimblett in einem anderen Kontext über ein neuseeländisches *Guidebook* schreibt:

---

[205] Smith und Katz 1993, 70.
[206] Lindberg 1999, xii.
[207] Diese Übersichtskarte wird von der *City of Chicago* herausgegeben und verzeichnet alle vom Stadtrat als „landmark" designierten Gebäude und Orte im Stadtgebiet von Chicago.
[208] Urry 1990, 101.
[209] Lynch 1960, 78.
[210] In seiner Studie *The Image of the City* definiert Kevin Lynch den Begriff der *Imageability* als „that quality in a physical object which gives it a high probability of evoking a strong image in any given observer" (Lynch 1960, 9).

> [It] depends entirely on the power of information to create interest in places, specially those lacking noteworthy visual attributes [...] The organizing metaphor for the experience of these sites is discursive, centered in language and the process of reading [...]. But [...] information is not enough. Imagination is what animates sites [...].[211]

Der Informationsvermittlung kommt somit eine strategische Rolle zu. Der Ort muss erzählt werden, weil er selbst nichts preisgeben kann oder will.

> [H]eritage interpreters often locate truth in what cannot be seen, in the invisible heart and soul of the site. Their expressed desire to make sites real and vivid indicates that sites cannot do this for themselves. The inability of sites to tell their own story authorizes the interpretation project itself. [212]

Indem Lindberg den „place-myth"[213] bestimmter Orte vor dem Hintergrund des übergreifenden Stadtmythos Chicago beschwört, kann er auf die urbane Landschaft als „vast mnemonic system"[214] zurückgreifen und so eine wirksame metaphorische *Imageability* generieren.[215] In seiner Erzählung des Spektakulären rekodiert er die Bildvorstellung des Ortes, die Lynch als „environmental image" bezeichnet.

> Environmental images are the result of a two-way process between the observer and his environment. The environment suggests distinctions and relations, and the observer – with great adaptability and in the light of his own purposes – selects, organizes, and endows with meaning what he sees.[216]

Dieser Prozess der Generierung und Modifikation von mentalen Ortsbildern steht in enger Verbindung mit Lindbergs Idee von einer

---

[211] Kirshenblatt-Gimblett 1998b, 167.
[212] Kirshenblatt-Gimblett 1998b, 168.
[213] Urry 1995, 194f.
[214] Lynch 1960, 126.
[215] Belting schreibt dazu: „Mögen wir auch einen realen Ort bewohnen oder besuchen, so sehen wir ihn mit anderen Augen (man könnte auch von inneren Augen sprechen) an, wenn wir ihn aus einer anderen Zeit erinnern [oder imaginieren]. Es kommt sogar vor, daß wir am Ort selbst nach jenem Ort suchen gehen, der er einmal war" (Belting 2001, 63).
[216] Lynch 1960, 6.

zielgerichteten Bewegung durch die Stadt, denn „[t]he environmental image has its original function in permitting purposeful mobility."[217] Anders als Benjamins Flaneur, „der lange ohne Ziel durch Straßen marschierte",[218] soll sich Lindbergs urban-archäologisch interessierter Stadtgänger mittels der von ihm entworfenen Bildbeschreibungen gezielt vorwärts bewegen. Das „environmental image" wird dabei zum „organizer of activity"[219] und zum Referenzpunkt von Wissen.

> [I]n a broader sense it [the environmental image] can serve as a general frame of reference within which the individual can act, or to which he can attach his knowledge. In this way it is like a body of belief [...] it is an organizer of facts and possibilities.[220]

Auf diese Weise funktioniert auch Lindbergs topographische Narration. Die einleitende Bemerkung zu jedem Kapitel besteht meist aus einer Anekdote oder einer historischen Anmerkung. Dazu kommt ein Kartenausschnitt mit Legende, der die im jeweiligen Kapitel besprochenen Tatorte lokalisiert. Den Nummerierungen sind Kurzbeschreibungen zugeordnet. Die einzelnen Touren haben unterschiedlich viele Anlaufpunkte. Im Fließtext ist jedem Punkt ein ausführlicheres Resümee mit eigener Überschrift und Zeit- bzw. Datumsangabe gewidmet. In einem schwarzen Kasten links vom Text befindet sich die entsprechende Wegbeschreibung, die dem Ganzen einen Planspielcharakter gibt:

> To continue, return to State Street and go south to Eleventh Street[221]
>
> Turn back to Sheridan Road, and go north on Sheridan Road to Grace Street[222]

Die investigative Schnitzeljagd, die Lindberg anregt, erinnert an die Spielstruktur der *Gangland Map*. Durch eine „rapid reconfiguration of meaning-space"[223] werden Stadträume zu Erlebniseinheiten ge-

---

[217] Lynch 1960, 124.
[218] Benjamin 1989, 525.
[219] Lynch 1960, 126.
[220] Lynch 1960, 126.
[221] Lindberg 1999, 32.
[222] Lindberg 1999, 32.
[223] Ferguson 1996, 168.

steigert.[224] Auf diese Weise „produziert der Reiseführer als Teil der Kommunikationsmaschine seine ‚special effects'".[225]

In seinen Textcollagen orientiert sich Lindberg an Lokalisierung, nicht an Chronologie oder thematischer Verbundenheit. Er inszeniert eine Bewegung durch Zeit und Raum, die entlang mentaler Bildstrecken verläuft. Jede Erzähleinheit innerhalb eines Kapitels enthält mehr oder weniger ausführlich eine Ortsbeschreibung (meist in kursiv der eigentlichen Story vorgeschaltet), eine Schilderung des Ablaufs des Geschehens, eine Präsentation der „Hauptdarsteller", Hintergrundinformationen, historische Bezüge und Aussagen von Zeitzeugen. Dazu kommen, wenn vorhanden, Fotos bzw. Bilder von Orten und Personen, Reproduktionen von Zeitungsartikeln und sogenannte „Sidetrips", die Informationen zu allgemeinen übergreifenden Themen bieten. Auf genaue Quellenangaben verzichtet der Autor zugunsten anekdotischer Berichterstattung, die er mit kuriosen Details dramatisch unterfüttert. Lindbergs Buch erfüllt damit eine Bedingung, die Hermann Schlösser in seinem Aufsatz „Bequem sei der Weg und lockend das Ziel. Die Städte in den Reiseführern" als wichtiges Funktionsmerkmal eines „guten" Reiseführers identifiziert:

> Er gibt nicht nur inszenierte Atmosphären, er bietet inszenierte Informationen. Er versieht die Reisenden mit schönen Bildern und zeigt ihm [sic] die Wege, auf denen er diese Bilder ‚live' erreicht. Somit markiert der Führer Knotenpunkte im Beziehungsgeflecht bereisbarer Räume und hat Anteil an der Umwandlung einer Stadt in ein Reiseziel.[226]

Lindberg entwirft dieses „Reiseziel" und legitimiert seine Inszenierung, indem er für Chicago einen essenziellen Zusammenhang von Tourismus und Kriminalitätsmythos konstatiert:

> [L]et us not forget that within this spectacular mosaic of uplifting culture and commerce, the City of Big Shoulders has also spawned some of humanity's worst rejects [...]. Where else but in Chicago? I ask you. It is the dark side of this great city that visitors find so fascinating, and that is what this book is essentially about.[227]

---

[224] Siehe Schlösser 1988, 244.
[225] Schlösser 1988, 248.
[226] Schlösser 1988, 245.
[227] Lindberg 1999, xiv.

Die Problematik von touristischem Voyeurismus spielt für Lindberg keine Rolle. Sein Text beruft sich auf eine Erlebnispraxis, die, so suggeriert die Unbefangenheit der Darstellung, nicht reflektiert werden muss, denn, wie Schlösser erklärt,

> Erkenntnis ist ebensowenig Wunschziel des Reisenden wie moralische Integrität. Was man auf Reisen erwerben bzw. bestätigen will, kann zwar die Form des Wissens annehmen, ist aber nie völlig identisch mit dem Willen zur Wahrheit. Wahrheit ist dem Reisenden nur zugänglich als das Ereignis, das ihm persönlich zustößt. Den dramatischen Mythologisierungen ist ebenso wie den praktischen Tips und Infos zu entnehmen, daß die Reiseführer nicht dem Wunsch nach Wahrheit entsprechen, sondern dem nach authentischem Erleben.[228]

Der Leser erhält bei Lindberg den unantastbaren Status des Entdeckungsreisenden. Dabei ist die scheinbar harmlose imaginäre Re-Animation ehemaliger Tatorte auf prekäre Weise mit einer verallgemeinernden Rhetorik der Re- bzw. Über-Kriminalisierung bestimmter Stadtgebiete verbunden:

> I have also provided practical street maps pinpointing the approximate locations of the crime scenes with this word of caution. Many of these localities, particularly in the oldest and most dilapidated residential neighborhoods of the West and South Sides of the city, lie within the boundaries of dangerous, crime-ridden zones. Exercise proper caution when attempting to explore these areas on your own.[229]

Diese stereotype Warnung hat kein Interesse an den Ursachen der überproportionalen Armut und Gewalt in einigen Abschnitten dieser Gebiete, insofern diese nicht schon verwertbare „scenes of crime" geworden sind. Stattdessen dient sie dazu, Lindbergs Schilderungen mit einem realistischen Angstszenario auszustatten.

> In dieser kleinen Abenteuer-Inszenierung trägt ein Strukturproblem der Stadt – Kriminalität – zur Steigerung des Reiseerlebnisses bei. Nun ist nicht jeder willens und fähig, Bedrohungen in Reisegenuß umzuwandeln.[230]

---

[228] Schlösser 1988, 255f.
[229] Lindberg 1999, xix.
[230] Schlösser 1988, 249.

Deshalb muss die „Angstlust aufs leicht konsumierbare Maß reduziert"[231] werden. Auch dieser Tatsache trägt Lindberg Rechnung:

> For those readers who do not wish to venture out alone – which is perfectly understandable because dubiousness does indeed exist behind every façade as we shall soon see – I sincerely hope that you will enjoy this informal excursion into the heart of darkness from the comfort and safety of your own living room.[232]

Lindbergs Dramaturgie korrespondiert mit der wahrnehmungspraktischen Tendenz, die Hans Belting formuliert hat: „Statt Bilder an bestimmten Orten zu besuchen, besuchen wir heute lieber Orte im Bild".[233] Zur Befriedigung des investigativen Bewegungsdranges, den Lindberg mit *Return to the Scene of the Crime* induzieren möchte, reicht schlussendlich das Spiel der Gedanken.

2.4. Mythentourismus

Im Bereich der Tourismusindustrie spielt die physische Bewegung der Nutzer dagegen immer noch eine zentrale Rolle. Um das Angebot der in Chicago ansässigen *Untouchable Tours* zu nutzen, müssen die Besucher erstens persönlich nach Chicago reisen und zweitens bereit sein, sich in einem antiquierten schwarzen Tourbus (Abb. 17) durch die Stadt fahren zu lassen. *Untouchable Tours* basieren dabei auf einem ähnlichen Konzept wie Lindbergs Buch. Unter dem Motto „Chicago's Original Gangster Tour" bietet das Unternehmen Touristen eine anderthalbstündige Themenrundfahrt durch *Downtown* Chicago und angrenzende

Abb. 17: Untouchable Tourbus

---

[231] Schlösser 1988, 249.
[232] Lindberg 1999, xix.
[233] Belting 2001, 61.

Gebiete.[234] Ausgehend von Beobachtungsnotizen, die auf meine Teilnahme an einer Rundfahrt der *Untouchable Tours* im Januar 2004 zurückgehen, folgt an dieser Stelle eine kurze Beschreibung des Tourprogramms, um dem Leser das Verständnis der anschliessenden Analyse zu erleichtern.

Der nicht näher gekennzeichnete Treffpunkt befindet sich zwischen dem *Hard Rock Cafe*, dem *Rock'n Roll McDonald's* und *dem Rain Forest Cafe* im Zentrum Chicagos und ist somit eindeutig touristisch konnotiert. Anlaufpunkt ist ein auffälliger schwarzer Oldtimerbus mit dem Firmennamen als Aufdruck an allen Seiten und zwei Amerikafähnchen links und rechts der Motorhaube. Mit Revolver- und Maschinengewehrattrappen posieren die Tourführer in schwarzen Anzügen und Krempenhüten vor dem Bus bis alle Teilnehmer eingestiegen und registriert worden sind. Jeder Gast wird persönlich begrüßt und mit den Steckbriefen der berüchtigtsten Chicagoer *Old Time*-Gangster ausgestattet. Aus den Lautsprechern klingt Charleston-Musik, die das intendierte *Setting* der 1920/30er Jahre musikalisch widerspiegeln soll, aber regelmäßig mit aktueller Popmusik durchmischt wird, wenn unbeabsichtigt das Autoradio durchbricht. Die *Guides* stellen sich kurz als „Al Dente" (Abb. 18) und „Big Julie" (Abb. 19) vor und präsentieren zum Auftakt der Show ihre Waffenimitationen. Dabei wird kurz die wichtigste Regel erklärt: Im Falle eines feindlichen Beschusses – markiert durch Maschinengewehrsalven vom Tonband – unbedingt den Kopf einziehen und sich ducken.

Abb. 18: Al Dente

Abb. 19: Big Julie

---

[234] Jeweils zwei von sechs möglichen *Guides* mit den sprechenden Künstlernamen „Al Dente", „Southside", „Shoulders", „Louie", „Big Julie" oder „Ice Pick" begleiten eine Fahrt.

Nach einer schlaglichtartigen Einführung in die Geschichte der Prohibition in Chicago, die den narrativen Rahmen der Tour lanciert, fährt der Bus los. Al Dente und Big Julie sitzen abwechselnd am Steuer, dementsprechend wechseln Busfahrer und Erzähler regelmäßig die Rollen. Während der Bus zum nächsten Ziel fährt oder vor einer Lokalität steht, gibt es längere Erzählpassagen mit Anekdoten, „Zeitzeugenberichten" und nachgestellten Szenen bzw. Dialogen. Die Narration orientiert sich einerseits an Berichten über verschiedene historische Gangsterfiguren, die durch unterschiedliche Akzente und Jargons überwiegend als irisch oder italienisch gekennzeichnet werden, und andererseits an der Route der Tour, die vom Norden des Zentrums auf die *South Side* führt und dann über die *West* und *North Side* zurück zum Ausgangspunkt geht.

An designierten Stellen hält der Bus an, um eine bestimmte Geschichte in unmittelbarer visueller Nähe zur entsprechenden Örtlichkeit zu präsentieren. Dabei vermischt sich die Erzählung der Gangsterlegenden mit Witzen über *The Sopranos*[235], Seitenhieben auf die aktuelle Stadtpolitik und -persönlichkeiten („John Dillinger robbed more banks than Jesse Jackson... ugh... Jesse James, I mean") und konventionellen Touristeninformationen zu Stadtgeschichte, Architektur und Heimatkunde. Dafür wird beispielsweise das *Great Chicago Fire* mit Hilfe eines Feuerzeug nach- und Oprah Winfrey als gegenwärtige *Godmother* der Stadt („She rules Chicago today – from a TV studio") vorgestellt.

Im Laufe der Tour wird Chicago auch immer wieder mit den Herkunftsstädten der Teilnehmer verglichen, die es „natürlich" in jeder Hinsicht übertrifft. Die Interaktion mit dem Publikum nimmt eine zentrale Stelle in der Unterhaltungsstrategie der Tour ein. Die Teilnehmer werden geschlechterspezifisch als „Sweetheart" respektive „Pal" adressiert und in die Show eingebunden. Al Dente und Big Julie halten Smalltalk und verteilen Requisiten wie (Plastik)Blumen aus dem Blumenla-

---

[235] Die amerikanische Fernsehsendung parodiert seit 1999 mit großem Erfolg das Mafia-Filmgenre. Die Serie über einen neurotischen italo-amerikanischen „Paten" und seine Familie wurde 2001 erfolglos von der in Chicago ansässigen *American Italian Defense Association* (*AIDA*) wegen „ethnic stereotyping" verklagt.

den des ermordeten Alkoholschmugglers und Floristen Dion O'Banion oder Knoblauchzehen, mit denen man, wie erklärt wird, Pistolenkugeln nach Gangster Art Blut vergiftend präparieren kann. Es gibt außerdem, wie zu Beginn angekündigt, regelmäßige Drillübungen („shoot-outs") mit Maschinengewehrfeuer vom Band und ein „sing-along" zu italienischer Folkloremusik („Funicoli Funicolà"). Den Höhepunkt bildet eine Verlosung von thematischen Souvenirartikeln, die, wie zum Trost der Verlierer erwähnt wird, im Anschluss auch käuflich zu erwerben sind.

Danach folgen die letzten wichtigen Ortsbefahrungen der Tour. Langsam geht es vorbei am *Biograph-Theatre* vor dem 1934 der Bankräuber und Volksheld John Dillinger vom FBI erschossen wurde. Unweit davon befindet sich der Schauplatz des *St. Valentine's Day Massacre*, bei dem am 14. Februar 1929 sieben Mitglieder der Gang eines Lokalrivalen von „Mitarbeitern" Al Capones hingerichtet worden waren. An der Stelle, wo die berüchtigte Garage gestanden hatte, gähnt die Leere. Daher versuchen die beiden *Guides*, die visuelle Lücke mit einer kurzen szenischen Darstellung der Tat auszugleichen. Nach erfolgreicher narrativer „Exekution" kehrt der Bus an den Ausgangspunkt zurück. Mit einem gangsterbezogenen Postskriptum („We owe these guys big time because without them we'd be out of job") und einem erneuten Hinweis auf den Souvenirverkauf verabschieden sich Al Dente und Big Julie und entlassen ihr Publikum.

Das Unternehmen *Untouchable Tours* wurde 1988 gegründet. Die Vermutung liegt daher nahe, dass Name und Idee unmittelbar von Brian de Palmas Erfolgsfilm *The Untouchables* inspiriert wurden, der 1987 veröffentlicht wurde und eine Welle der medialen Reanimation der Chicagoer Gangsterimagination einleitete.[236] Mit Verweisen auf *The Sopranos* und *The Godfather* adressiert die Tour den vermuteten Bezugsrahmen der meisten Besucher und situiert sich selbst im Kontext einer populärkulturellen Auseinandersetzung mit dem Spektakel des organisierten Verbrechens, wie sie in Film und Fernsehen betrieben wird. Gleichzeitig generiert diese explizite Bezugnahme auf das Genre des italoamerikanischen Mafia-Films eine Interpretation entlang ethnischer Linien. Trotz der wiederholten

---

[236] Siehe dazu Kapitel 3.5. dieser Arbeit.

Betonung der Multiethnizität des Chicagoer Gangstertums,[237] setzt die Tour-Inszenierung ihren Schwerpunkt auf eine italienische bzw. italoamerikanische Charakterisierung. In ihre Erzählungen bauen die *Guides* stereotype touristenitalienische Ausrufe wie „capisc'?!", „per favore", „scusi" oder „bravissimo" ein. Immer wieder wird italienische Opern- und Volksmusik eingespielt. Auf die Ankündigung der italienischen Nationalhymne folgt allerdings nicht „Fratelli d'Italia", sondern das bekannteste Musikstück aus Francis Ford Coppolas *Godfather*-Film.[238] Dieser Inszenierungseinfall spiegelt die auf Medienbildern basierende kollektive amerikanische Imagination des Italienischen. „Vor der Alternative, den Begriff zu entschleiern oder zu liquidieren, findet der Mythos einen Ausweg darin, ihn natürlich zu machen."[239] In diesem Sinne kann die Musik des *Godfather*-Soundtracks von den Tourgästen als „authentische" Repräsentation italienischer Folklore wahrgenommen werden.[240]

Ethnizität spielt auch im Kontext der topographischen Narration eine Rolle. Die Stadt wird vorrangig als irisch-italienische Enklave beschrieben. Aber es gibt durchaus Verweise auf die Spuren anderer Immigranten-Gruppen. Während die meisten Äußerungen vordergründig historisch-informativen Charakter besitzen, gehen einige dieser Nebenbemerkungen allerdings auf Kosten von Orten, die aktuell ethnisch markiert sind:

---

[237] Andrew Ross verweist in besonderer Weise auf die ethnischen Implikationen der Prohibition: „[Prohibition was] a eugenistic-style backlash by WASPs against immigrants who controlled the booze trade, and whose social mores were a challenge to the high, ruling Protestant sensibility. The Irish, Jewish, and especially the Italian gangster, to cite the historical order of ethnic succession in organized crime, often functioned as fantasy figures for ghetto communities dreaming of rapid social mobility. Far from being the epitome of the selfish, atomized individual, the gangster was positioned more like the 'big man' of community and kinship-based orders that were being eroded by modern, urban capitalist culture" (Ross 1994, 255).

[238] Nino Rotas schwermütiges „Love Theme from the Godfather" gehört zu bekanntesten Musiktiteln der jüngeren amerikanischen Filmgeschichte und stellt eine Art musikalisches Symbol für italoamerikanische Identität und die Sehnsucht nach der „alten Heimat" dar. Es findet sich oft im Repertoire italoamerikanischer Bandcombos wie der *Sicilian Band of Chicago*.

[239] Barthes 1964, 113.

[240] Dabei ist anzunehmen, dass ein Großteil des Publikums die wirkliche Nationalhymne Italiens nicht kennt und die benutzte Musik als passend, wenn nicht sogar realistisch empfindet.

> You can tell its China Town 'cause you don't see any cats and dogs on the streets.
>
> Tuscany Restaurant – was a mobster place and still is...

Die Stereotypisierung dieser Orte und ihrer Menschen mit negativen Klischees unterstützt auf problematische Weise die Formung des touristischen Blicks, denn „[p]otential objects of the tourist gaze must be [made] different in some way or other."[241]

In diesem Kontext wird die Stadt zum „fetishized object for a gaze that is caught in the symbolic conventions of cultural or ideological consumption."[242] Die Art der Narration bestimmt den Habitus dieses Blicks entscheidend mit. Wie der Tourismusforscher John Urry darlegt, „[t]he gaze is constructed through signs, and tourism involves the collection of signs."[243] Aufgabe des touristischen Unternehmens ist es, dieses Sammeln zu vereinfachen und disparate Elemente zu einem Zeichenteppich zu verdichten. Die Inszenierung einer thematischen Grundstimmung erleichtert diesen Prozess. Innerhalb der Industrie thematischer Reiseführungen hat der „Gangstertourismus" Tradition in Chicago. Bereits *Chicago Gang Wars Illustrated* verweist auf einen Besuch des Krimiautors Edgar Wallace in der Stadt:

> Over in England Mr. Edgar Wallace has just evolved another thriller, this time in dramatic form, from material hastily gathered during a visit in Chicago. The visit included a crime tour of the city with Commissioner Stege of the detective bureau calling out the spots.[244]

Im Gegensatz zu allgemeinen Stadtrundfahrten, basieren thematische Touren auf einem Spezialwissen und der Autorität eines einheimischen Touristenführers (anstelle eines mitreisenden Reiseleiters), der seine Selektion ausgehend von einer bestimmten Interessenlage entwickelt, die den „absoluten" Begriff („die Stadt Chicago") bewusst auf spezifische Aspekte reduziert.[245]

---

[241] Urry 1990, 11.

[242] Resina 2003, xvii.

[243] Urry 1990, 3.

[244] Dremon Press 1999, 2. Margaret Lane bestätigt diesen Besuch und die „Tour" in ihrer Edgar-Wallace-Biographie (Lane ca. 1937, 340f.).

[245] Natürlich bedingt jede Art der Stadtführung per definitionem eine Reduktion des Angebots auf ausgewählte Bereiche. Doch während bei der allgemeinen Führung ein unspezifisches, überblicksartiges Bild der Stadt entworfen wird, suggeriert die thematische Führung eine konkrete

Dean MacCannell definiert Touristenattraktionen „as an empirical relationship between a *tourist*, a *sight* and a *marker* (a piece of information about a sight)."[246] Im Fall der *Untouchable Tours* werden zwar einige der üblichen Sehenswürdigkeiten (*Art Institute, Watertower, Grant Park*) gestreift und besprochen, im Mittelpunkt aber stehen *Sites*, die sich dem *City-Beautiful*-Gedanken[247] entziehen: alte Industriegebäude, heruntergekommene Wohnsiedlungen und vor allem leere Parzellen, wo Al Capones Lexington Hotel, der Blumenladen von Dion O'Banion und die Garage des *St. Valentine's Day Massacre* gestanden hatten.[248] Für diese Orte trifft zu, was Urry in seinem Buch *Consuming Places* (1995) beschreibt:

> [P]laces can be literally consumed: what people take to be significant about a place (industry, history, buildings, literature, environment) is over time depleted, devoured or exhausted by use.[249]

Untouchable Tours sehen sich den gleichen „neglected brown fields"[250] wie Lindberg gegenüber, deren „Erschöpfung" und

---

Beziehung der präsentierten Elemente in Form und/oder Inhalt, die über den bloßen gemeinsamen Nenner „Chicago" hinausgeht.

246 MacCannell 1999, 41. Hervorhebung im Original.

247 Das Konzept der *City Beautiful* bezieht sich auf die europäisch beeinflusste neoklassizistische Repräsentationsarchitektur, die Ende des 19. Jahrhunderts im Rahmen einer „civic renaissance" in vielen amerikanischen Großstädten praktiziert oder zumindest angedacht wurde (siehe Draper 1987, 116). In Chicago setzte sie sich im besonderen in Daniel H. Burnhams Entwürfen für die Weltausstellung 1893 und seinem nur teilweise realisierten, aber nachhaltig auf die zukünftige Stadtgestaltung wirkenden *Plan of Chicago* von 1909 durch (siehe Zukowski 1987, 22f.). Die in diesem Kontext entstanden Gebäude gehören bis heute zu den architektonischen Hauptattraktionen Chicagos und spielen eine wichtige Rolle in der Selbstwahrnehmung und -darstellung der Stadt.

248 Am Schauplatz des *St. Valentine's Day Massacre* im Norden der Stadt befinden sich heute eine Grünfläche und ein Parkplatz. Diese Tatsache scheint Klaus R. Scherpes Überlegungen über die „Unwirklichkeit der Städte" zu bestätigen: „Sind die Darstellungen der modernen Großstadt zu erfassen als Bauplatz, so sind die der Postmoderne vorstellbar als Schauplatz und Spielplatz, vielleicht auch als Parkplatz für eine nicht mehr aussagekräftige und nur noch für das Remake taugliche Symbolik" (Scherpe 1998, 9.). In diesem Sinne wird das *Massacre* täglich von *Untouchable Tours* vor postmoderner (Nicht-)Kulisse nachgestellt.

249 Urry 1995, 1f.

250 Lindberg 1999, xv.

geringe *Imageability* sie kompensieren bzw. überspielen müssen, denn „[t]ourism is a strongly *visual* practice."[251] Dazu greifen sie ebenfalls auf narrative Visualisierungstechniken zurück. Wie Urry erklärt „[t]he significance of visual consumption can be seen in the pervasive tendency to produce 'themed' environments".[252] Der zentrale Punkt ist dabei, „that landscapes are not only visible in space but are narratively visible in time".[253] Anders jedoch als der Buchautor Lindberg sind *Untouchable Tours* mit dem Spannungsmoment der unmittelbaren Gegenüberstellung von erzähltem Ort und realem Ort konfrontiert und müssen die Möglichkeiten von Aufführung und Interaktion nutzen, um dem Zuschauer die Relation zwischen beiden glaubhaft zu vermitteln. „This is what people mean by authenticity, that there is a consistent relationship between the physical and built environment and a given historical period."[254] Um diese Beziehung erfolgreich zu behaupten, muss sie kontinuierlich wiedererzählt werden. Davon ausgehend argumentiert Barbara Kirshenblatt-Gimblett,

> [g]uides routinely refer to what cannot be seen – the people and events and places of years ago. They animate a phantom landscape on the back of the one toward which attention is directed.[255]

Diese „phantom landscape" funktioniert als Produkt von Erwartungshaltung und inszenierter Information, die auf die Umgebung projiziert werden. So wie jeder Tourist „die Kunst des Wegsehens"[256] beherrscht, ist auch die Fähig- bzw. Willigkeit des über das Ziel Hinaussehens eine unerlässliche touristische Grundtugend. Da sich der nicht am Steuer befindliche *Guide* immer frontal den Tourgästen zuwendet, erfordert die Stadtrundfahrt der *Untouchable Tours* eine gewisse Stereosicht seitens der Teilnehmer, um einerseits die performative Darbietung und andererseits die beschriebene Stadtlandschaft wahrnehmen zu können. „While the life world may be the ultimate in situ installation, it has the disadvantage of low

---

[251] Williams 2000, 173. Hervorhebung im Original.
[252] Urry 1995, 149.
[253] Urry 1995, 189.
[254] Urry 1995, 190
[255] Kirshenblatt-Gimblett 1998b, 167.
[256] Schlösser 1988, 250.

density."[257] Die Rahmeninszenierung ist also notwendig, um Erlebnisdichte zu schaffen.

> [H]eritage and tourism show what cannot be seen – except through them – which is what gives such urgency to the question of 'actuality' and the role of 'experience' as its test.[258]

Für die Genese eines Erlebniswertes ist aber gleichzeitig ein erfolgreiches Herstellen von touristischer Gemeinschaft entscheidend, wie MacCannell in seiner wegbereitenden Studie *The Tourist. A New Theory of the Leisure Class* erklärt:

> Interestingly, just seeing a sight is not a touristic experience. [...] An authentic touristic experience involves not merely connecting a marker to a sight, but a participation in a collective ritual, in connecting one's own marker to a sight already marked by others.[259]

MacCannell sieht in diesem gemeinschaftlichen Ritual ein konstituierendes Moment, durch welches das kollektive touristische Erleben auf die allgemeine Gesellschaft zurückwirkt.

> In the establishment of modern society, the individual act of sightseeing is probably less important than the ceremonial ratification of authentic attractions as objects of ultimate value, a ratification at once caused by and resulting in a gathering of tourists around an attraction and measurable to a certain degree by the time and distance the tourists travel to reach it.[260]

Ausgehend von einer versuchten Synchronisierung der heterogenen Zeiterfahrungen der Moderne, führt MacCannell diesen Zusammenhang von *Sightseeing* und Gesellschaft noch weiter, wenn er erklärt,

> *sightseeing is a ritual performed to the differentiations of society. Sightseeing is a kind of collective striving for a transcendence of the modern totality, a way of attempting to overcome the discontinuity of modernity, of incorporating its fragments into unified experience. Of course, it is doomed to*

257	Kirshenblatt-Gimblett 1998a, 7.
258	Kirshenblatt-Gimblett 1998b, 166.
259	MacCannell 1999, 137.
260	MacCannell 1999, 15.

eventual failure: even as it tries to construct totalities, it celebrates differentiation.[261]

So gesehen scheitern auch *Untouchable Tours* in dem Versuch, einen kohärenten touristisch verwertbaren Gangster-Mythos zu inszenieren. Die Polymythie im Sinne Marquards, die jede Auseinandersetzung mit der Idee „Chicago" begleitet, bricht sowohl kontrolliert als auch immer wieder unkontrolliert in das Tourprogramm ein. Anders als Führungen in einem Themenpark sind *Untouchable Tours* mit einer sich konsequent verändernden urbanen Landschaft konfrontiert. In Rekurrenz auf Walter Benjamin schreibt Joan Ramon Resina:

> The past [...] cannot be grasped or retained; it appears only in the recognition of its disappearance, as an image that comes in its own wake: an after-image.[262]

Untouchable Tours kultivieren dieses „after-image" als touristische Attraktion. Viele ihrer Anlaufpunkte sind in den letzten Jahren den Umgestaltungsprozessen der Stadtverwaltung zum Opfer gefallen. 1995 wurde das Lexington Hotel, das legendäre Hauptquartier Al Capones im Süden der Stadt, abgerissen.[263] Das historische *Maxwell-Street*-Distrikt südwestlich des Zentrums wurde in den letzten Jahren komplett durch Neubauten der *University of Illinois* ersetzt.[264] Nur die Fassaden einiger alten Gebäude wurden als Oberflächendekoration erhalten (Abb. 20), die in ähnlicher Art

Abb. 20: Maxwell Street

---

261   MacCannell 1999, 13. Hervorhebung im Original.
262   Resina 2003, 13.
263   Lindberg 1999, 376.
264   Das Gebiet rund um die Maxwell Street war Ende des 19., Anfang des 20. Jahrhunderts das „Ellis Island" Chicagos. Sukzessive Ströme von Immigranten aus Ost- und Südeuropa fanden dort eine erste Niederlassung. Im Zuge der *Great Migration* der 1910er Jahre siedelten sich viele

auf die Geschichte des Viertels verweisen, wie die *Main Street* in *Disneyland* auf die Geschichte der amerikanischen Kleinstadt.[265]

„Aber Orte verschwinden nicht spurlos, sondern hinterlassen Spuren in einem mehrschichtigen Palimpsest, in dem sich alte und neue Vorstellungen eingenistet und abgelagert haben."[266] In diesem Sinne generiert jeder Abriss potenziell einen neuen Mythos, der die älteren Mythen überlagert oder sich mit ihnen vermischt und so das mythische Fortwirken per se sichert, auch wenn sich Inhalte und Prioritäten ändern. Wie Barthes schreibt, wird der Mythos „nicht durch das Objekt seiner Botschaft definiert, sondern durch die Art und Weise, wie er diese ausspricht. Es gibt formale Grenzen des Mythos, aber keine inhaltlichen."[267]

Die Tourismusindustrie versucht, diese Grenzen möglichst gewinnbringend auszutesten. Wie Tom Selwyn erklärt: „Tourism is about the invention and reinvention of tradition. It is about the production and consumption of myths and staged inauthenticities."[268] Als Unternehmen, das auf der Mythenverwertung und -regeneration basiert, sind *Untouchable Tours* quasi permanent mit einer Umschreibung ihres Stoffes beschäftigt.[269] Dabei lassen Transitorik und Unmittelbarkeit von Aufführung und Interaktion eine schnellere Anpassung zu als ein Reiseführer in Buchform. Der Raum, der dabei für Improvisation bleibt, ist in dieser Hinsicht immer der Raum des Mythischen. Dass der Mythos trotz seiner Beweglichkeit eine ver-

---

Afroamerikaner aus dem Süden an. *Maxwell Street* gilt in diesem Kontext als Geburtsort des *(Electrified) Chicago Blues*. Um die Erhaltung des Viertels gab es lange Zeit heftige Auseinandersetzungen zwischen Universität, Stadt und der *Maxwell Street Historic Preservation* Coalition. Eine ausführliche Darstellung findet sich unter www.maxwellstreet.org.

[265] In diesem Prozess wird die *Imageability* des Ortes auf Kosten seiner Referenzfähigkeit erhöht. Diese „Zerreißprobe" beeinflusst die kollektive Bildproduktion dahingehend, dass „city dwellers and visitors strive to compose a synthetic image merging the disparate fragments of their experience, and this will to make an overall meaning often gives rise to a manipulation of the visual order to produce images for consumption" (Resina 2003, 17).

[266] Belting 2001, 62.

[267] Barthes 1964, 85.

[268] Selwyn 1996, 6.

[269] 1989 wurden *Untouchable Tours* in einer Reisereportage des *Stern* vorgestellt (siehe Holst 1989). Das Programm, das darin beschrieben wurde, entspricht nur in groben Zügen der Tour, die ich 2004 erlebt habe.

lässliche Variable ist, deren Grundkoordinaten situativ und assoziationsauslösend funktionieren, zeigte die spontane Reaktion eines Fußgängers während meiner Teilnahme an der Tour. Der am Straßenrand stehende Passant hob beim Blick auf das vorbeifahrende Tourfahrzeug die Arme und simulierte – den Zeigefinger als Pistolenmündung – den Beschuss des Busses. Für einen Moment war der Mythos aus dem kontrollierten Feld der Aufführung im Businneren auf die Straße gesprungen.

2.5. Tommy Get Your Gun

In seinem Buch *Tourism Geography* argumentiert der britische Tourismusforscher Stephen Williams, „[p]laces, and images of places, are fundamental to the practice of tourism."[270] Lindberg und *Untouchable Tours* beschwören in ihrer Narration mit Hilfe des Mythos immaterielle Räume, die nurmehr als Bilder der kollektiven Erinnerung existieren bzw. für diese konstruiert werden. Das Restaurant-Theater *Tommy Gun's Garage*[271] im Süden Chicagos mit seiner „20's Musical Comedy Revue Wit Da Gangsters and Flappers"[272] basiert auf dem Versuch, die mythische Idee in die Dreidimensionalität zurückzuholen und immersiv erlebbar zu machen. Dieses Konzept korrespondiert mit der Idee, dass

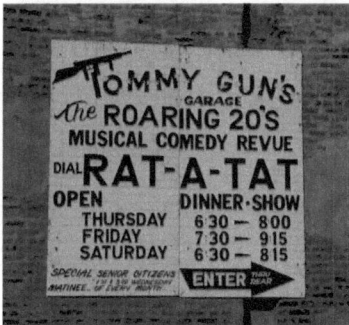

Abb. 21: Wegweiser

---

[270] Williams 2000, 172.
[271] *Tommy Gun* ist die umgangssprachliche Bezeichnung für die im ersten Weltkrieg von John Taliaferro Thompson, einem amerikanischen Artillerieoffizier, entwickelte *Thompson Submachine Gun* (Maschinenpistole). Mitte der 1920er im Kontext der Prohibitionskriminalität wieder entdeckt, wurde diese Waffe zum Markenzeichen der *Gangland*-Gewalt und später zum populärkulturellen Symbol dieser Gangsterära (siehe Bergreen 1995, 167ff.).
[272] Tommy Gun's Garage 2004, ohne Seitenangabe.

der Erinnerungsprozess per se bereits einen theatralen Charakter besitzt.

> Our memory of the city is especially scenic and theatrical: we travel back in time through images that recall bits and pieces of an earlier city, we project these earlier representations forward into recomposed and unified stagings.[273]

Dementsprechend nimmt die Stimulierung der Ortsimagination gleichfalls eine zentrale Rolle in der Vermarktungsstrategie des Unternehmens ein, denn „[t]he construction and subsequent consumption of tourist places is essentially a social-cultural process."[274]

Räumlichkeiten und Umgebung von *Tommy Gun's* werden in mehreren Stufen als „place-myth"[275] inszeniert. Am Anfang stehen die fernmündliche Reservierung mit Kreditkarte und die Einweisung in das Betreten des Gebäudes durch einen versteckten Hintereingang. Von der Telefonistin bekommt der Kunde ein Passwort („Little Jake sent me"), das später dem Empfangspersonal genannt werden muss, um Einlass zu erlangen. Wenn man am Abend der Show die angegebenen Adresse erreicht, findet man die heruntergekommene Fassade eines Ladenlokals mit schmutzigen Fenstern, versperrten Türen und vergilbten Hinweiszetteln (Abb. 22), die erklären, dass sich der Eingang um die Ecke befindet. Angesichts dieser wenig Vertrauen erweckenden Örtlichkeit lassen nur das große Werbeschild (Abb. 23) auf dem Dach und ein Plakat auf dem angrenzenden Parkplatz vermuten,

Abb. 22: Hinweiszettel

Abb. 23: Werbeschild

---

[273] Boyer 1994, 32.
[274] Williams 2000, 172.
[275] Urry 1995, 194f.

dass *Tommy Gun's* tatsächlich (noch) existiert. Man muss den Parkplatz überqueren, um besagten Hintereingang zu erreichen, der sich fast unmittelbar unter den Schienen der *EL* hinter einem Bretterverschlag befindet. Im Dunkeln wirkt der Zugang potenziell gefährlich, die umgebenden Gebäude scheinen unbelebt und der große Parkplatz verlassen. Die entsprechend dramatische Tonspur bietet das laute mechanische Rattern der vorbeifahrenden Züge. Durch eine Tür gelangt man in ein winziges ungemütliches Foyer mit holzverkleideten Wänden, wo ein kostümierter Türsteher mit Maschinenpistole die Gäste nach Passwortansage ins Innere des Gebäudes vorlässt.

Das „Theater", eine umgebaute ehemalige Garage besteht aus einem großen fensterlosen Raum mit einer kleinen Kabarett-Bühne, einer Bar (Abb. 24) und einem Verkaufsstand, der gleichzeitig als Garderobe fungiert. In der Mitte des Raums sind Tische, Stühle und Bänke für die Zuschauer angeordnet. Je nach Größe der Gruppe werden die Gäste an reservierte individuelle Tische oder Tafeln gesetzt. Um Exklusivität zu markieren, werden auch Einzelpersonen nicht einer Gesellschaft angeschlossen, sondern bekommen einen eigenen Tisch. Auf die Bühne wird per Video ein Jazzorchester projiziert, dessen Bewegungsabläufe sich allerdings nicht mit der Musikeinspielung decken, die aus den Lautsprechern kommt. Während der Bühnenshow wird letztere durch Live-Musik (Klavier und Schlagzeug) ersetzt. Die Wände sind thematisch gestaltet und namentlich mit Orten bzw. Ereignissen besetzt, die auf die Prohibitionszeit bzw. bestimmte historische Rotlichtviertel verweisen („Lexington Hotel", „Dearborn Station", „Florist"[276]). Das gesamte Interieur (Stühle, Bar, Dekoration) ist „auf alt getrimmt". Neben

Abb. 24: Bar und Bühne

---

[276] Dion O'Banion, eine der Schlüsselfiguren der frühen Prohibitionsjahre in Chicago, war neben dem Alkoholschmuggel ein bekannter Blumenhändler und wurde 1924 in seinem Blumenladen erschossen (siehe Bergreen 1995, 151-163).

gerahmten Zeitungsausschnitten hängen alte (oder alt aussehende) Plaketten, Poster und Werbezettel. Zentral sind die zahlreichen, über den Raum verteilten Schwarzweissfotografien von Gangstern, Sportlern, Filmstars, Musikern und Politikern (Abb. 25). Sie evozieren das Bild einer illustren historischen Gesellschaft, die sich unter dem Begriff der *Roaring Twenties* versammelt und das imaginäre Setting der Show darstellt.

Abb. 25: Ausstellungswand

In der „Dekorationsmontage" des Interieurs realisiert sich beispielhaft Roland Barthes Feststellung:

> Der geschriebene Diskurs, der Sport, aber auch die Photographie, der Film, die Reportage, Schauspiele und Reklame, all das kann Träger der mythischen Aussage sein.[277]

In der Ecke neben dem Eingang befindet sich neben einem kleinen antiquarischen Safe ein schwarzer Oldtimer-Ford, der nach der Show als Kulisse für Zuschauerfotos dient (Abb. 26). Daneben gibt es ein Podest mit zwei „Loch-Stühlen" vor einem vergitterten Wandabschnitt, die in ihrer Ikonographie die Hinrichtungsform des elektrischen Stuhls implizieren. Auf makabre Bildhaftigkeit setzt auch die „St. Valentine's Day Wall" – die Ziegelsteinoberfläche des abgegrenzten Wandstücks lässt Einschusslöcher und getrocknete (Theater-)Blutflecken erkennen. Darüber befindet sich eine Fotoaufnahme des tatsächlichen Tatorts mit den

Abb. 26: Oldtimer

---

[277] Barthes 1964, 86.

Leichen. Diese Referenz verweist einerseits auf die beruhigende Künstlichkeit der Repräsentation, andererseits stattet es diese mit einer musealen Legitimität aus. Da der originale Schauplatz des Verbrechens nicht mehr existiert,[278] bietet die inszenierte Wand eine haptische Nachbildung für den touristischen Voyeurismus.

Mit Hilfe der ausgestellten Memorabilien und besonders der Fotografien gibt sich *Tommy Gun's* den „Touch" einer authentisch-dokumentarischen Geschichtlichkeit, die als Grundlage für die Vermarktung des Clubs dient. So wie *Untouchable Tours* sich als „Chicago's Original Gangster Tour" bezeichnen, wirbt *Tommy Gun's* mit dem Titel „Chicago's Original Speakeasy".[279] Gleichzeitig spiegeln falsche Türen sowie aufgemalte Figuren, Fenster und Risse in der Wand Fiktion und Spielcharakter der Lokalität. „Original" im Kontext der Tourismusindustrie liefert somit keine Aussage über den Wahrheitsgehalt einer Darstellung, sondern fungiert als Label, das zum Repertoire touristischer Vermarktungsrhetorik gehört. Dabei handelt es sich keineswegs um ein Täuschungsmanöver – der durchschnittliche westliche Konsument ist mit dem Schein des Begriffs wohlvertraut und lässt sich ganz bewusst auf ihn ein. In diesem Sinne argumentiert Norman E. Klein:

> The social imaginary has just enough 'truth' to make the false worth savoring, or else no one cares. The audience already senses, very consciously, that it is false, but buys it anyway, simply as the thrill of sharing in the magic trick. [...] Simulation is not a copy, but a blur between memory and signifier.[280]

Tommy Gun's verkauft eine Raum-Zeit-Simulation, die sich mythischer Fragmente bedient, dabei aber ganz klar in der Jetztzeit ver-

---

[278] Die Garage, in der am 14.2.1929 im Rahmen eines Bandenkrieges sieben Gangster erschossen wurden, wurde 1967 abgerissen. Siehe Lindberg 1999, 129 und Seite 53 dieser Arbeit.

[279] „Speakeasy" – Flüsterkneipe – wurden vor allem während der Prohibition die Lokalitäten genannt, in denen illegal Alkohol ausgeschenkt wurde. Inzwischen existiert der Begriff nurmehr historisch oder als Trendname, wie im Fall eines Nobelrestaurants im Norden von Chicago, das als *Speakeasy Club* firmiert. Diese Namensgebung verkehrt die ursprüngliche Bedeutung des Begriffs, der größtmögliche Unauffälligkeit im Dienste einer permanenten Gesetzesübertretung implizierte – der *Speakeasy Club* in Hauptstraßenlage wirbt mit weithin sichtbarer Leuchtschrift.

[280] Klein 1997, 12.

ankert ist. Das zeigt beispielsweise das kategorische Rauchverbot, das die allgemeine amerikanische Tendenz des verpönten Nikotingenusses reflektiert. Obwohl Fotos und alte Werbeplakate Zigarren und Zigaretten als Gangsterinsignien anpreisen[281] ist das Rauchen im Hauptraum verboten. Auf dieses Paradox verweist auch der ironisch selbst-reflexive Kommentar eines der Schauspieler im Rahmen der Showintroduktion: „We're supposed to be a speakeasy and you can't light a butt!" Dementsprechend lauten die zwei wichtigsten Regeln, die der *Master of Ceremony* (MC) zu Beginn verkündet: „No smoking during the show" und „You shoot us – we shoot you!" Dieses ominöse Bilderverbot bezieht sich auf die Bühnenshow. Erlaubt sind Fotos während des Essens, in den Pausen und nach der Vorstellung, wenn die Akteure bereitwillig mit den Gästen posieren.

Wie die Inneneinrichtung ist auch die Speisekarte der Themeninszenierung gewidmet. Die Menüs sind nach berühmten Gangstern oder korrupten Politikern der Prohibitionszeit benannt, entsprechende Namensgebungen finden sich auch bei den „Appeteezers" und Cocktails. Bei den Weinen wird zwischen „Da North Side Gang" (Weißwein), „Midtown Marauders" (Rosé) und „Da Southside Gang" (Rotwein) unterschieden (Abb. 27). Das Servicepersonal, das abwechselnd als Bedienung und Unterhalter agiert,[282] ist themenspezifisch ko-

Abb. 27: Speisekarte

---

[281] Eines der meistreproduzierten Bilder von Al Capone, das auch bei *Tommy Gun's* mehrfach vertreten ist, zeigt ihn lächelnd mit einer Zigarre im Mund.

[282] Durch die Doppelaufgabe von Service und Unterhaltung hängt die Größe der Schauspieltruppe proportional von der Zahl der Gäste ab. Bei meinem Besuch wurden zirka 80 Zuschauer von drei männlichen und vier weiblichen Kellner-Schauspielern versorgt. Nach Aussage der

stümiert – die Männer erscheinen in dunklem Anzug mit Krawatte (der MC trägt eine Fliege), Fedorahut, weißen Gamaschen und Waffenattrappen, die Frauen in bunten Charleston-Kleidern mit passenden Federboas.[283]

Abb. 28: Ensemble

Das Essen ist der Bühnenshow vorgeschaltet. Man wählt eines von fünf Menüs, die in rasender Schnelligkeit serviert werden. Währenddessen machen die Akteure „Pep Talk" mit den Gästen („honey", „sweetie") und bieten Kopfschmuck, Perlenketten und Gangsterhüte feil, mit denen sich das Publikum zumindest punktuell dem „Dresscode" der Show anpassen kann. Außerdem finden schon kleine interaktive Spielszenen im Zuschauerraum statt, bei

---

Managerin kann der Club bis zu 150 Gäste aufnehmen, denen bis zu 15 servierende Darsteller gegenüberstehen.

[283] Eine auffällige Ausnahme bildet eine afroamerikanische Kellnerin mit einer weißen Küchenschürze, die zusammen mit den anderen das Essen aufträgt, aber nicht zum Spielensemble gehört, das ausschließlich aus Weißen besteht. Sie bleibt namenlos, während die kostümierten Akteure als Charaktere eingeführt werden („Vito", der Boss; „Leftie", sein Handlanger; „Gloves", der Türsteher und Bodyguard; „Roxie", „Georgia", „Carol" und „Lena", die Charleston-Girls).

denen beispielsweise einer der Kellner-Schauspieler einen Gast „kidnappt" und im Foyer lautstark „zusammenschlägt". Der Zuschauer kehrt mit einem geschminkten blauen Auge zurück.

Nach dem Hauptgang beginnt die Bühnenshow – die Darsteller stellen sich mit musikalischen Soloauftritten dem Publikum vor, dem der gemeinsame Mottosong „Tommy Gun's" mit Tanzeinlage folgt. Danach werden größere Besuchergruppen und Geburtstagskinder namentlich begrüßt und das Publikum wird für den Fall einer Polizeirazzia instruiert („hide your drink and look innocent"). Nach weiteren musikalischen Präsentationen, kommt einer der Akteure als Polizist verkleidet auf die Bühne. Die übrigen Darsteller inszenieren mit den Zuschauern ein „Revival Meeting" der „Church of the Distilled Spirits" um „Officer Murphy" abzulenken. Dennoch müssen sich drei der Gäste einem burlesken Alkoholtest durch „Officer Murphy" unterziehen, bevor der erste Teil mit einem „singalong" endet. In der Pause gibt es ein schnelles Dessert und Kaffee, während die Akteure für Fotos posieren und versuchen, die Zuschauer zum Kauf von Merchandising-Artikeln zu animieren. Der zweite Teil beginnt mit einem Drumsolo. Wiederum werden drei Zuschauer auf die Bühne geholt, die in einem „Gangbuster Radio Play" die Charaktere von James Cagney, Mae West und Groucho Marx geben sollen.[284] Jeder bekommt einen Satz und eine Bewegung zugeordnet, die aufs Stichwort ausgeführt werden müssen, während einer der Schauspieler die Rahmenhandlung erzählt, Soundeffekte produziert und zur großen Belustigung des übrigen Publikums die drei Statisten wie Marionetten durch die Geschichte führt. Die Ausstellung dieser einzelnen Personen vor der Gruppe erzeugt besonders unmittelbare „moments of embodied practice", die, so Desmond,

> simultaneously stage the audience as an individual and collective subject (one who is, sees, hears, feels, knows) and stage a politics of knowledge, a way of knowing dependent on vision, proximity, and kinesthetic response.[285]

Dem Stück folgen weitere Musikeinlagen bis das gesamte Ensemble zur Schlussnummer – Frank Sinatras „Chicago" – auf die Bühne

---

[284] Cagney, West und Marx sind exemplarische Vertreter des Hollywoodkinos zwischen 1920 und 1940. Mit seiner Darstellung des Tom Powers in *Public Enemy* (1931) schuf Cagney eine der klassischen Gangsterfiguren der frühen 1930er Jahre.

[285] Desmond 1999, 253.

kommt. Nach drei Stunden Dinner und Show ist der Abend beendet, Bar und Küche schließen, die Rechnungen werden verteilt und die Zuschauer verlassen – nach einer letzten Fotosession vor dem Oldtimer und dem Erwerb von Souvenirs – zügig das Gebäude.

In seinem Überblickswerk *Dinner Theatre. A Survey and Directory* definiert William M. Lynk *Dinner Theatre* als „the combination of a quality meal and a live theatrical presentation, presumably in the same room, at a value-oriented ticket price."[286] Es handelt sich dabei um Restaurants mit Reservierungszwang, festen Menüangeboten und Theaterdarbietung. Lynk verortet die Anfänge dieses etablierten anglo-amerikanischen Unterhaltungsformats in den 1950er Jahren.[287] Angesichts der kommerziellen Kombination von populärer Theaterunterhaltung und Gastronomie ließe sich allerdings auch eine Linie zu früheren Traditionen wie Vaudeville, Varieté, Music Hall oder Cabaret ziehen.

Das Zielpublikum eines durchschnittlichen *Dinner Theatre* ist die bürgerliche Mittelschicht.[288] Im Mittelpunkt steht die „Rundumverpflegung" des Kunden, denn „individuals will buy the dinner theatre package for the total experience."[289] Dementsprechend ist das „'total entertainment package under one roof,' offering good value, [...] the cornerstone of the dinner theatre concept."[290] Für Show und Menü gilt ein Pauschalpreis, alkoholische Getränke oder Zusatzspeisen werden extra berechnet. „In most cases, it's the show that is the main attraction, and the food is an extra incentive."[291] Hinter den verhältnismäßig günstigen Angeboten stehen straff organisierte, gewinnorientierte Betriebe.[292] Die *Dinner Theatre*-Industrie ist ein „multi-million-dollar business"[293] und stellt einen wichtigen Arbeitgeber für Theaterschaffende in den USA dar.[294]

---

[286] Lynk 1993, 2. Zu Erlebnisgastronomie und *Dinner Theatre* siehe auch Kagelmann, Friedrichs-Schmidt und Sauer 2004, 195f.
[287] Lynk 1993, 17.
[288] Siehe Lynk 1993, 29.
[289] Lynk 1993, 32.
[290] Lynk 1993, 2.
[291] Lynk 1993, 33.
[292] Lynk schreibt dazu: „Dinner theatre is a strange mix of two risky businesses that are combined into an even riskier business" (Lynk 1993, 3).
[293] Lynk 1993, vii.
[294] Siehe Lynk 1993, 9.

Dabei gibt es viele unterschiedliche Ausprägungen dieses Unterhaltungsformats. „Dinner theatres vary widely in the type of stage and the format of productions presented."[295] Während manche Häuser versuchen, arrivierte „straight plays" oder sogar neuere Dramatik anzubieten, überwiegen Musicalproduktionen und Revueshows. Wie Lynk erklärt,

> [t]he types of productions that seem to be most widely accepted in dinner theatre are referred to as the 'old warhorses.' These are musical productions with tunes that audiences can hum as they leave.[296]

Auf dieses Erfolgsrezept zielt auch das Musikrepertoire von *Tommy Gun's*. Neben den interaktiven Spielpassagen steht die Musikrevue im Mittelpunkt der Show. Da das Improvisationstheater kein ausformuliertes Skript besitzt, bildet das Musikprogramm den roten Faden für die Orientierung der Zuschauer. Die Auswahl der Stücke reflektiert dabei weniger Zeithistorie als eine bestimmte musikalisch-thematische Kohärenz – der Stilmix reicht von 1920er Charleston und Jazz über Swing in der Art Frank Sinatras bis hin zu „All that Jazz", dem bekanntesten Song aus dem Musical *Chicago* (1975). Die Musikzusammenstellung bedient die Erwartungshaltung der Gäste, indem sie Lieder anbietet, die der populärkulturellen Idee von Chicago entsprechen (wie symptomatisch Sinatras „Chicago") und die einprägsame, wenn nicht bekannte Melodien besitzen. Die Revue als Form des „song-and-dance tourism"[297] realisiert damit exemplarisch MacCannells Feststellung, dass populäres Liedgut eine wichtige Quelle der „touristic imagery" darstellt.[298] Der hohe Bekanntheits- und Verbreitungsgrad dieser Songs funktioniert im Rahmen eines kontinuierlichen Wechselspiels, bei dem bestimmte Musikstücke, die außerhalb von Chicago als auditive Symbole der Stadtimagination zirkulieren „vor Ort" bestätigt werden und von da wiederum als Erinnerungsmomente nach „außen" mitgenommen und weitergetragen werden.

Im Gegensatz zu den meisten *Dinner Theatres*, die im Laufe einer Saison mehrere unterschiedliche Produktionen auf die Bühne bringen, steht bei *Tommy Gun's* die gleichbleibende thematische Aus-

---

[295] Lynk 1993, 37.
[296] Lynk 1993, 37f.
[297] Desmond 1999, xv.
[298] MacCannell 1999, 149

richtung (1920er Jahre) im Vordergrund.[299] Laut Aussage des Managements läuft die Revue schon seit einigen Jahren und mit nur geringen Veränderungen in der Version, die ich im Januar 2004 erlebt habe. Inszenierung von Show, Raum und Atmosphäre sind darauf abgestellt. Schon im Vorfeld wird eine Imagination erzeugt, die den Besucher bereits das äußere Milieu (Straße, Parkplatz, EL) als Teil der „themed environment" wahrnehmen lässt.[300] In diesem Sinne funktioniert Edward Saids Erkenntnis:

> The objective space of a house – its corners, corridors, cellars, rooms – is far less important than what poetically it is endowed with, which is usually a quality with an imaginative or figurative value [...].[301]

Die Zugangsmodalitäten (Hintereingang, Passwort) suggerieren dem Gast den Nimbus des eingeweihten Teilnehmers. Die Innenausstattung sowie die Kostümierung und Attitüde der Akteure entwerfen den Ort als *Living Museum*, in dem sich verschiedene Formen von Konsum vollziehen.

In ihrer Studie *Staging Tourism* betont Jane C. Desmond den unbedingten, fast zwanghaften Konsumcharakter touristischer Spektakel. Touristische Darbietung, so Desmond, „revolves around consumption: of food, sights, sounds, and a lot of drink."[302] Von zentraler Bedeutung ist dabei der Unterhaltungswert einer Präsentation, denn „Entertainment [...] is at the heart of the experience."[303] Diese Erfahrung wird im Fall von Unternehmungen wie *Tommy Gun's* maßgeblich durch die Evozierung bzw. den Konsum von Gemeinschaft beeinflusst, denn wie Urry darlegt, „[i]t is the presence of other tourists, people just like oneself, that is actually necessary for the success of such places, which depend upon the collective tourist

---

[299] Mottorestaurants stellen ein verbreitetes Subgenre des *Dinner Theatre* dar. Der *Chicago Offical Visitors Guide Fall/Winter 2003-2004* verzeichnet sechs verschiedene „Dinner Playhouses" im Einzugsgebiet von Chicago, darunter ein „klassisches" *Dinner Theatre* und neben *Tommy Gun's* vier Themenanbieter, die respektive das Erlebnis eines mittelalterlichen Banketts, einer Pferdeshow, einer *Murder-Mystery* oder einer italoamerikanischen Hochzeit versprechen.

[300] Passend zur Inszenierung berichtet das Management, dass die Garage ursprünglich einem Chicagoer Polizisten gehörte, dessen Schießübungen stilechte Einschusslöcher in den Wänden hinterlassen haben sollen.

[301] Said 1994, 55.

[302] Desmond 1999, 20.

[303] Desmond 1999, 20.

gaze."[304] Entscheidend sind letztendlich nicht die Kulinarität des Essens, die Originalität der Inszenierung oder das stimmliche Talent der Sänger, sondern das Erleben als kollektiver Prozess. Es sind sowohl das erfolgreiche Zustandekommen einer befristeten „imagined community" unter den Zuschauern als auch die Komplizenschaft des Publikums mit den Darstellern (während der „Polizeirazzia", beim „sing-along" etc.) und der gemeinsame „nostalgische Konsum von Raum-Zitaten",[305] die eine positive Wahrnehmung auf beiden Seiten bewirken.

> Live performers not only authenticate these packaged differences; they also offer the possibility of contact with them. The co-existence – in the same time and place – of the audience and the performer is essential to these industries.[306]

Dabei ist die Zufriedenheit der Besucher das Kapital der Show und Richtwert für die zukünftige Auslastung, da *Tommy Gun's* nicht nur von auswärtigen Touristen („Einmalgästen", deren Urteil nur insofern von Bedeutung ist, dass sie die Empfehlung an andere Reisende weitergeben) besucht wird, sondern auch auf wiederkehrende Gäste aus der Region angewiesen ist, die für Betriebsfeste oder private Feierlichkeiten auf das *Dinner Theatre* zurückgreifen. Für Gruppen, die das ganze Lokal mieten, bietet das Management „semi-customized" Paketlösungen an, die die kommerzielle Flexibilität der Aufführung, und damit auch des Mythos, reflektieren.[307]

2.6. Out of Chicago

Das Konzept des Show- bzw. Motto-Restaurants ist inzwischen auch in Europa angekommen. Dabei scheint das Chicago der 1920er auch außerhalb der USA eine geeignete Themenoberfläche darzustellen.

---

[304] Urry 1990, 46.
[305] Großklaus 1987, 382.
[306] Desmond 1999, xv.
[307] Dies ermöglicht auch die Anpassung der Show, wenn Gruppen von ausländischen Gästen exklusiv buchen. In solchen Fällen, so erklärte mir die kaufmännische Leiterin, ließe sich die Aufführung mit „less talking, more singing" einrichten und unter Umständen sogar das Rauchen erlauben (persönliches Gespräch).

In Darmstadt gibt es bereits seit 1986 *Capones Restaurant*, ein Themenlokal, das Erlebnisgastronomie allerdings ohne permanente Show bietet. Einen anderen Ansatz verfolgt *Chicago 1928 – The Event Place*, eine Veranstaltungslokalität, die sich in Glattfelden, einem kleinen Ort in der Nähe von Zürich, befindet. „Chicago 1928, drehen Sie das Rad der Zeit um gute 70 Jahre zurück", proklamiert der dazugehörige Prospekt.[308] Inhaltlich und technisch ähnelt die Unternehmung dem Konzept von *Tommy Gun's*: „Verschiedene Komplettangebote bringen Ihnen und Ihren Gästen die zwanziger Jahre ganz nahe. Zu klar definierten und knallhart kalkulierten Kosten."[309] Das Unterhaltungsangebot offeriert dabei vergleichbare Posten, unter anderem:

- Showtanz (z.B. Charleston, Stepptanz, Musical „Chicago", Riverdance etc.)
- Eingangskontrolle mit Al Capone's Bodyguards
- Stuntshow oder Mini-Stunt-Akt (z.B. Razzia der Chicago Police)
- Shoeshineboy mit nostalgischem Schuhputzsessel[310]

Im Gegensatz zu *Tommy Gun's* setzt *Chicago 1928* allerdings nicht auf einen touristischen Kundenstamm. Hauptzielgruppe sind offenbar Firmen, die eine ausgefallene Serviceumgebung für *Business Events* suchen:

Sie planen ein Fest für Ihre MitarbeiterInnen, ein Kickoff-Meeting für Ihre Händler, eine Überraschungs-Party für Ihre Kunden oder Sie möchten Ihre neuen Produkte präsentieren? Dazu bieten wir Ihnen die einmalige Lokalität mit passendem Verpflegungs- und Unterhaltungsangebot.[311]

Dabei bekommt die Assoziation von Chicagoer Gangstertum der 1920er und modernen Wirtschaftsunternehmen in Zeiten von Enron und Mannesmann eine ungewollt ironische Note.

---

[308] K&O Event Management 2004, Werbematerial.
[309] K&O Event Management 2004, Werbematerial.
[310] K&O Event Management 2004, Werbematerial. Auch *Tommy Gun's* besitzt eine „*Shoe Shine*-Ecke".
[311] K&O Event Management 2004, Werbematerial.

In Chicago selbst stellt der „Gangstertourismus" im Gesamtkontext der städtischen Tourismusindustrie inzwischen eine marginale Größe dar – zumindest was die Angebotsseite betrifft. Das multimediale Wachsmuseum *Capone's Chicago* musste nach kurzem umstrittenen Dasein Mitte der 1990er wieder schließen und auch das *American Police Museum*, das eine eigene Sektion zu Gangstertum und Prohibitionskriminalität in Chicago unterhielt und Besuchern eine Testrunde auf dem Elektrischen Stuhl ermöglichte, wurde bis auf Weiteres stillgelegt. Die *Chicago Historical Society* widmet der Prohibition nur einen einzigen Schaukasten (während das *Great Fire* einen ganzen Raum einnimmt und multimedial erlebbar ist).

Abb. 29: Souvenirs

Es gibt in Chicago keine Dauerausstellung, die sich mit Fakt und Fiktion der „Wilden Zwanziger" auseinander setzt und die meisten Gangsterlokalitäten der Ära sind dem Verfall überlassen oder abgerissen worden.[312] Die offiziellen Souvenirläden der *City of Chicago* verkaufen laut Aussage der Angestellten schon seit einigen Jahren keine Artikel mehr, die auf Gangstertum, Prohibition bzw. Al Capone im Besonderen verweisen. Auch das Angebot in privaten Geschäften zeigt sich sehr begrenzt und beschränkt sich auf Produkte, die in irgendeiner Weise den Namen „Al Capone" ausstellen. Darauf bezieht sich überwiegend auch die kleine Auswahl an Merchandising-Artikeln, die *Untouchables Tours* und *Tommy Gun's* anbieten (Abb. 29 und 30).

Abb. 30: Tasse

Angesichts dieser Umstände ist schwer messbar, welche wirtschaftliche Rolle der Gangstermythos im aktuellen Tourismusgeschehen spielt. Allerdings indizieren Unternehmen wie *Untouchables Tours* und *Tommy Gun's* ebenso wie die unentbehrlichen Verweise und

---

[312] Wiederholte Versuche, der ehemaligen Capone-Residenz im Süden Chicagos den begehrten „landmark"-Status zu verschaffen, scheiterten (siehe Lindberg 1999, 426).

Anspielungen in Reiseführern, dass diese mythische Dimension zumindest außerhalb von Chicago nach wie vor essenzieller Bestandteil der Stadtimagination ist. Wie Joseph Roach erklärt: „Like performance, memory operates as both quotation and invention, an improvisation on borrowed themes, with claims on the future as well as the past."[313] In diesem Sinne ist die Frage nach dem Verbleib des Mythos, eine Frage nach seinem Aggregatzustand. Virtualität als Grundkondition des Mythos wird im 21. Jahrhundert dadurch bestätigt, dass im Internet der Handel mit Gangstermemorabilia (Abb. 31) blüht und aufwendige Projekte wie *www.alcaponemuseum.com* realisiert werden. Vor diesem Hintergrund operiert auch das folgende Kapitel, das den Mythos „Chicago" als Medientopos und -fiktion untersucht.

Abb. 31: T-Shirt

Schlaglichtartig werden ausgewählte Beispiele aus Film, Fernsehen, Theater und Romanliteratur vorgestellt, die auf symptomatische Weise das von geographischen, zeitlichen und medialen Grenzen ungehinderte Kreisen des Mythos reflektieren.

---

[313] Roach 1996, 33.

3. Bewegungen des Mythos

In all the seven seas and the lands bordering theron there is probably no name which more quickly calls up thoughts of crime, violence and wickedness than does that of Chicago.

R. L. Duffus

The real city, one might say, produces only criminals; the imaginary city produces the gangster [...].

Robert Warshaw

There are all kinds of gangsters, and Chicago knows them all.

R. L. Duffus

Ich habe den interessantesten Mann auf der Welt kennengelernt. Seitdem ich Al Capone kenne, sehe ich die Welt mit anderen Augen.

Jack Bilbo

3.1. Chicago 2:0

2002 wurden in Hollywood zwei Filme fertiggestellt, die im folgenden Jahr auf besondere Weise um *Box Office*-Zahlen, Kritikergunst und Preisnominierungen konkurrieren sollten. Im Abstand von einer Woche veröffentliche die Produktionsfirma Miramax im Dezember 2002 in den USA sowohl Martin Scorseses *Gangs of New York* als auch *Chicago* von Rob Marshall. Beide Filmprojekte waren bereits längerfristig in Vorbereitung gewesen und hatten schon im Vorfeld eine entsprechende Öffentlichkeit erreicht. Durch die Parallelveröffentlichung wurden sie in den unmittelbaren kommerziellen Zweikampf „entlassen".[314] Besonders auffällig war die direkte Gegenüberstellung bei der Berlinale im Februar 2003. Während *Chicago* als glamouröser Auftakt das Festival eröffnete, bildete *Gangs of New York* den Schlusspunkt der renommierten zehntägigen Filmschau. Dementsprechend bemerkte der Filmkritiker der *Berliner Morgenpost*:

> Die zwei Seiten des amerikanischen Kinos scheinen in diesem Gegensatz auf, Eskapismus im Musical "Chicago", Geschichtsbesessenheit im Epos "Gangs of New York". Beide Filme schwelgen in der Farbe Rot, das Scheinwerferlicht der Clubszene, in denen falsche Gangsterbräute singen und steppen, und das Blut, das echte Gangster und Einwanderer vergießen. Chicago und New York, die zwei alten Verbrechens-Hauptstädte Amerikas wie sie unterschiedlicher nicht sein könnten.[315]

Vor Ort lieferten sich beide Filme eine Werbeschlacht in Medienpräsenz, Plakatierung und Staraufgebot, wurden aber im Wettbewerb außer Konkurrenz gezeigt.[316] Das änderte sich einen Monat später. *Chicago* ging mit dreizehn, *Gangs of New York* mit zehn Nominierungen in das 75. Rennen um die *Academy Awards*. Sechsmal wurde Rob Marshalls Film mit der begehrtesten amerikanischen

---

[314] Hinsichtlich der Einspielergebnisse wurden beide Filme allerdings vom zweiten Teil der *Lord of the Rings*-Triologie überschattet, der ebenfalls im Dezember 2002 in die Kinos kam, im Kontext dieser Ausführungen aber keine Rolle spielt.

[315] Kreitling 2003, ohne Seitenangabe.

[316] Den Goldenen Bären gewann Michael Winterbottoms wenig beworbener Film *In this World* über die semi-dokumentarische Odyssee eines Jungen von Afghanistan nach London.

Filmtrophäe ausgezeichnet, darunter der wichtigste *Oscar* für „Best Picture". *Gangs of New York* wurde in keiner Kategorie berücksichtigt. Selbst der erwartete Preis für die beste Kameraführung ging an einen anderen Film, der ebenfalls mit einem klaren Chicago-Bezug aufwarten konnte: Sam Mendes' *Road to Perdition*.

Transponiert man diese „Zahlenspiele" nun auf eine symbolische Ebene, lässt sich sehr vereinfachend eine „Chicago- vs. New York-Film"-Opposition konstatieren, die zumindest temporär zugunsten von Chicago ausgefallen war. 2002/2003, so scheint es, war die Saison der Filme, die mehr (*Chicago*) oder weniger (*Road to Perdition*) explizit unter dem Banner des mythischen Chicago firmierten. Im Folgenden soll anhand dieser beiden Filmbeispiele eine kurze Bestandsaufnahme der Mythosnutzung im Hollywoodkino des 21. Jahrhunderts versucht werden, bevor die vorliegenden Ausführungen ihre Spurensuche auf zeithistorische Werke aus der ersten Hälfte des 20. Jahrhunderts und medienübergreifende transatlantische Verbindungen ausweiten.

3.2. Zwischen Versatzstück und Blue Screen

Basierend auf einem Comic des amerikanischen Autors Max Allen Collins erzählt *Road to Perdition* aus der Perspektive eine Kindes die Geschichte von Michael Sullivan (Tom Hanks), der während der Prohibitionszeit als Handlanger für Rooney (Paul Newman), den „Boss" einer Kleinstadt im Mittleren Westen der USA, arbeitet. Als seine Frau und eines seiner Kinder von Rooneys missgünstigem Sohn Connor (Daniel Craig) ermordet werden, macht sich Sullivan auf den Weg, um den Mörder zur Rechenschaft zu ziehen. Dieser führt ihn nach Chicago zu Frank Nitti (Stanley Tucci), dem Stellvertreter Al Capones, der Connor als Gefälligkeit gegenüber dem Vater versteckt hält.[317] Nitti lehnt Sullivans Auslieferungsforderung ab und setzt den Profikiller Maguire (Jude Law) auf ihn an. Sullivan und sein Sohn Michael (Tyler Hoechlin) verlassen die Stadt und starten einen Raubzug durch die Provinzbanken des Syndikats, um Nitti zur Aufgabe zu zwingen. Sullivans Guerillataktik führt jedoch erst zum Ziel, als er widerstrebend seinen Mentor Rooney erschießt

---

[317] Im Gegensatz zu Sullivan und Rooney ist Nitti eine historische Figur.

und Nitti so seiner „Geschäftsverpflichtung" entbindet. Der zum Abschuss freigegebene Connor wird von Sullivan hingerichtet. Die Ordnung scheint schlussendlich wiederhergestellt. Doch als Sullivan und sein Sohn das idyllische Perdition, den doppeldeutigen[318] Endpunkt ihrer gemeinsamen Reise erreichen, wartet der längst vergessene Killer auf sie. In einem letzten Gefecht sterben Sullivan und Maguire, Michael bleibt allein zurück, um die Geschichte seines Vaters zu erzählen.

Genau genommen ist Sam Mendes' Film kein Chicago-Film. Er findet auf den Straßen des Mittleren Westens statt. Die häufigste Einstellung zeigt Sullivan und seinen Sohn in ihrem Auto *on the road*. Dennoch ist Chicago Hauptbezugspunkt der ganzen Reise, weil sich der Mörder der Familie dort befindet. Zweimal führt ihre Reise die beiden direkt nach Chicago. Die erste Fahrt scheint endlos zu sein. Sullivan sitzt am Steuer, der Junge schläft auf dem Rücksitz des Wagens ein. Mit den Tageszeiten wechseln die Einstellungen, die die Fahrt aus verschiedenen Perspektiven darstellen. Schließlich sieht man das einsame schwarze Auto aus der Vogelperspektive. Die Kamera zoomt weg und eröffnet den Blick auf die weite, leere Landschaft, die die Verlorenheit der Protagonisten reflektiert. Die nächste Szene zeigt das Auto wieder in Nahaufnahme. Sullivan hat Chicago erreicht. In virtuoser Detailgenauigkeit inszeniert Mendes diese Ankunft. In den Scheiben des Autos spiegelt sich die Stadt. Noch bevor die charakteristische Architektur der Hochhäuser als autonomes Bildelement in Erscheinung tritt, legt sie sich als Reflexion über die Gesichter der Figuren. Diese Bildkomposition erlaubt dem Zuschauer, gleichzeitig Michaels beeindruckten Blick nach oben und die Objekte seines Blicks wahrzunehmen. Erst dann geht die Kamera hinter dem Auto in die Höhe und eröffnet die Aussicht auf ein monumentales Chicago der

Abb. 32: Ankunft in Chicago

---

[318] „Perdition" bezeichnet einerseits einen Ort in Michigan, andererseits bedeutet es „Verderben".

weißen Wolkenkratzer (Abb. 32). Dessen Hauptmerkmal wird in den folgenden Einstellungen knapp formuliert: Masse – an Autos, Menschen und Informationen, wie die surreale Szenerie im Lese-Wartesaal der *Chicago Public Library* suggeriert, wo eine in Reihen geordnete Menge scheinbar synchron Zeitung liest. Sullivan lässt Michael dort zurück, um Nitti aufzusuchen. Man sieht ihn eine Außentreppe erklimmen, die ihn auf Straßenlevel bringt. Er hält inne und schaut nach oben. Die Kamera folgt seinem Blick und zitiert die bereits beschriebene Einstellung auf Michael. Dabei schneidet der Regisseur diesmal direkt vom Gesicht auf das Objekt: aus der subjektiven Perspektive sieht der Zuschauer jetzt das hohe weiße Granitgebäude, das sich überdimensional und scheinbar endlos vor Sullivan erhebt. Der Kameraschwenk nach oben suggeriert die drohende Überwältigung angesichts der Monumentalität der neoklassizistischen Architektur. Die Einstellung nimmt das Gefühl von Ohnmacht und Verlorenheit vorweg, das Sullivan angesichts der folgenden Ablehnung durch Nitti trifft, der in eben diesem Gebäude residiert.

Als Sullivan am Schluss des Films dorthin zurückkehrt, um seine Rache an Connor zu vollziehen, hat die Architektur ihre Größe eingebüßt.[319] Sullivan kommt nicht wie am Anfang von unten und blickt nach oben, sondern läuft von der Seite auf das Hotel zu, befindet sich also auf gleicher Ebene. Nervosität und Ehrfurcht seines ersten Besuchs sind der kalten Gleichgültigkeit gewichen, mit der er das Gebäude betritt. Sullivan, so suggeriert die Inszenierung, hat das *Highrise*-Chicago von Capone und Nitti auf seine Augenhöhe gezwungen.

Mendes arbeitet in *Road to Perdition* sehr bewusst mit dem Mentalitätsgegensatz von Kleinstadt/Land und Metropole, den er besonders in den Chicago-Szenen etabliert.[320] Mit Hilfe von sorgfältig ausgewählten und präzise komponierten Bildelementen inszeniert er in wenigen Szenen die Ikonographie der Großstadt. Deren Schatten wird Mendes' Protagonisten in der Figur des Killers Maguire den ganzen Film hindurch begleiten. Während Tom Hanks' Sullivan von

---

[319] Entscheidend ist dabei auch die Lichtregie: Während die erste Szene das Gebäude im strahlenden Tageslicht zeigt, verlieren sich dessen Umrisse im Nachtdunkel der zweiten Szene.

[320] Bezeichnenderweise wird Michael am Schluss nicht in die Metropole gehen, sondern aufs Land ziehen, um aufzuwachsen.

den Kritikern als westernremineszenter Samuraicharakter gesehen wird[321] und so die Weite einer imaginären Landschaft beschwört, repräsentiert Jude Laws Maguire ein essenziell urbanes Phänomen. Neben Auftragsmorden für Capones Chicagoer Syndikat arbeitet Maguire hauptamtlich als Pressefotograf mit der Spezialausrichtung Leichenfotografie. Er ist die Personifizierung des skrupellosen Großstadtfotografen und in diesem Sinne eine ultimative Chicago-Figur.

Abb. 33: Maguire (1)

Entsprechend wird sein erster Auftritt inszeniert. Als einsame dunkle Figur mit wehendem Mantel läuft er unter den Schienen des *EL-Train*, einem der symptomatischen Ortssymbole Chicagos, dem Blick des Zuschauers entgegen (Abb. 33). Von seinem Metier besessen legt Maguire, wenn nötig,

Abb. 34: Maguire (2)

selbst Hand an, um das perfekte und vor allem exklusiv erste Bild eines Toten zu bekommen. Der Film zeigt, wie er am Ort eines Verbrechens ankommt, den beaufsichtigenden Polizisten besticht, seine Kamera aufbaut (Abb. 34) und feststellt, dass das Opfer mit einem Messer im Bauch noch lebt. Nach einem kurzen Augenblick der Entnervtheit geht Maguire auf den Verletzten zu, kniet sich neben ihn auf den Boden und erstickt den Mann mit seinem Taschentuch vor der Geräuschkulisse eines vorbeifahrenden Zuges. Dann macht er sein Foto.

„All die jungen Photographen, die durch die Welt hasten, weil sie sich dem Aktualitätenfang verschrieben haben, wissen nicht, daß sie Agenten des TODES sind",[322] schreibt Roland Barthes in seinen Überlegungen zum Wesen der Fotografie. Im Gegensatz dazu ist Maguire sich seiner Sendung im doppelten Sinne bewusst. Die

---

[321] Siehe beispielsweise Wilmington 2002a, ohne Seitenangabe.
[322] Barthes 1989, 102. Hervorhebung im Original.

Gleichsetzung von Fotografie und Tod verwirklicht sich für ihn in der Doppelbedeutung des „shot". Von Nitti nimmt er per Telefon den Mordauftrag entgegen und nennt seinen Preis – $1600 und das alleinige Verwertungsrecht an den resultierenden Fotos. Seine Bilder – wie sie an den Wänden seines Apartments zu sehen sind – evozieren die Leichenarrangements der *Pulp Magazines*.[323] „I'm something of a rarity – I shoot the dead",[324] erklärt er Sullivan bei ihrer ersten Begegnung, während er seine Kamera wie eine Waffe mit einem neuen Film lädt.

Als mörderischer Fotograf, so suggeriert der Film, ist Maguire Produkt und Nutznießer eines urban-anonymen Mentalitätsgefüges. Im Schatten des Stadtgeschehens floriert sein Geschäft. Außerhalb dieses Biotops muss es scheitern. Auf der Jagd nach Sullivan im Hinterland versagt Maguire mehrmals. Am Ende des Films trifft er Sullivan schließlich aus dem Hinterhalt, baut dann seine Kamera auf und fotografiert den Sterbenden. Aber seine letzte Fotosession bleibt unvollendet. Michael stört das Arrangement und Sullivan erschießt Maguire. Es wird kein Foto des toten Sullivan geben, das in den *Pulp*-Heften der Großstadt zirkuliert.

„This film really puts you in the past",[325] schreibt der Filmkritiker der *Chicago Tribune* über *Road to Perdition*. Dabei hebt er besonders die „shivery accuracy"[326] der Stadtszenen hervor, während der Rezensent des britischen *Observer* mit Blick auf die weiten Einstellungen der Landschaftsaufnahmen die „infinite sadness of the America landscape"[327] betont. Beide Meinungen implizieren dabei beispielhaft bestimmte Ortsmythen, die jenseits des besprochenen Films, gleichsam prä-filmisch, existieren und im Film selbst nur als Fragmente auftauchen. Das Chicago der frühen 1930er wird in der Darstellung auf wenige Details reduziert, die in ihrem Impact einen Mythenbezug auszulösen vermögen und so die narrative Leistungsfähigkeit der Bilder potenzieren. „Die mit dem Mythos fusionierte Kunst kann ihm zur Neuaufladung und Wiederherstellung verhel-

---

[323] Siehe Kapitel 2.2 dieser Arbeit. Laut Regisseur Mendes basiert Maguire auf der historischen Figur eines Polizeifotografen (Kommentar des Regisseurs. *Road to Perdition* 2002. Deutsche DVD-Ausgabe 2003).
[324] *Road to Perdition* 2002. Transkription von der deutschen DVD-Ausgabe 2003.
[325] Wilmington 2002a, ohne Seitenangabe.
[326] Wilmington 2002a, ohne Seitenangabe.
[327] French 2002, ohne Seitenangabe.

fen, der mit der Kunst fusionierte Mythos kann ihr überhistorisches Potential aktivieren", schreiben Aleida und Jan Assmann.[328] Voraussetzung dafür ist eine (internalisierte) Vertrautheit mit der Bild- und Imaginationsgeschichte der Stadt. Diese Rezeptionserfahrung bildet den Lesecode zur mythischen (Meta-)Ebene des Films. Dabei gilt Blumenbergs Diktum,

> [d]aß die Rezeption nicht zum Mythos dazukommt und ihn anreichert, sondern Mythos uns in gar keiner anderen Verfassung als der, stets schon im Rezeptionsverfahren befindlich zu sein, überliefert und bekannt ist [...].[329]

Das Chicago des Films ist als urbaner Mythos „nicht zu vervollkommnen und [...] zugleich unbestreitbar."[330] Dabei hält sich die Handlung de facto nur zweimal kurz in der Stadt auf. Für die Entwicklung der filmischen Erzählung wird der Mythos jedoch als essenzielles „Spurenelement" benötigt.

Im Gegensatz dazu suggeriert Rob Marshalls *Chicago* im Titel die uneingeschränkte Dauerpräsenz der Stadt in der Geschichte. Roxie Hart (Renée Zellweger), eine etwas naive, aber zielstrebige junge Hausfrau, träumt im Chicago der *Roaring Twenties* davon, ein Revuestar zu werden. Sie verbringt ihre Abende in den Nachtclubs der Stadt und trifft dort einen Möbelverkäufer (Dominic West), mit dem sie sich auf eine Affäre einlässt, weil er ihr Kontakte zur „Szene" verspricht. Als sich dies als Lüge erweist, zieht Roxie die Konsequenzen und erschießt den verlogenen Liebhaber. Sie wird verhaftet und in den Todestrakt des Bezirksgefängnisses eingeliefert. Dort wartet bereits der ehemalige Showstar Velma Kelly (Catherine Zeta-Jones) wegen Doppelmordes auf seine Verhandlung. Auf der Stelle beginnen die beiden, um die Gunst des Staranwalts Billy Flint (Richard Gere) und der Presseöffentlichkeit zu konkurrieren. Egomane Flint entfesselt eine Publicityschlacht, um Roxie vor dem Schuldspruch zu bewahren und seinen Fall publikumswirksam zu gewinnen. Am Ende verlässt Roxie als freie Frau den Gerichtssaal, muss aber feststellen, dass sie als öffentliche Person bereits der Vergangenheit angehört, denn das „Publikum" hat sich längst einem neuen Mord-„Event" zugewandt. Ihre Showkarrierechancen scheinen so schlecht wie zu Beginn. Erst die

---

[328] Assmann und Assmann 1998, 196.
[329] Blumenberg 1979, 240.
[330] Barthes 1964, 11.

Kooperation mit der verhassten Velma bringt schließlich den erhofften Triumph: einen glamourösen Auftritt im Chicago-Theatre.

Die erste Filmproduktion des Theaterregisseurs Rob Marshall adaptiert Bob Fosses und Fred Ebbs gleichnamiges Musical von 1975 für die Leinwand. Im Mittelpunkt steht die Erkenntnis, „dass Recht und Gesetz und Mord und Totschlag in Chicago einfach Teil des Showbusiness sind, ein großer Spaß, das eine führt zum andern."[331] Zentral ist dabei die Gleichsetzung von Urbanität, Kriminalität und Show. Am Anfang stolpert Roxie mit ihrem Liebhaber aus einem Nachtclub in ihre Wohnung auf der anderen Straßenseite. Als die beiden die Straße überqueren, etabliert Marshall ähnlich wie Mendes in *Road to Perdition* mit wenigen, aber entscheidenden visuellen Signalen das Rahmen-Setting des Films: Auf der nächtlichen Straße rollt der Verkehr, der *EL*-Zug rattert vorbei, im Hintergrund lauern die Wolkenkratzer des *Loop* (Abb. 35). Ausgehend von der Bekanntheit der Bildelemente kann Marshall mit einem Minimum an Aufwand die „autorisierende" Anbindung seines Films an die Ikonographie der bzw. dieser bestimmten Großstadt vollziehen, bevor er sich in die Innenräume der Bühnenshow zurückzieht.

Abb. 35: Straße

An Letzterer orientiert sich die Struktur des Films fast änderungslos. Dementsprechend stehen nicht narrative Sequenzen im Vordergrund, die aufeinander aufbauend die Geschichte entwickeln. Stattdessen funktioniert *Chicago* als Nummernrevue, bei der Schauplätze und Realitätsebenen übergangslos wechseln; als Ordnungselement fungieren die Musikstücke bzw. Auftritte.[332] Ein Großteil des Films findet im Frauengefängnis statt, wo die „Sünderinnen der Großstadt" im „Cell Block Tango" ihre Taten performativ nachstellen

---

[331] Knörer 2004 [orig.: 2003], ohne Seitenangabe.
[332] Dazu bemerkt der Filmkritiker der *Chicago Sun-Times*: „Although modern audiences don't like to see stories interrupted by songs, apparently they like songs interrupted by stories" (Ebert 2002, ohne Seitenangabe).

und an ihrem Comeback für die Zeit „danach" arbeiten. Permanent wird zwischen normalen Spielszenen, die die Handlung voranbringen, und Showeinlagen, die im Dienste von Figurencharakterisierung und ironischer Kommentierung stehen, hin- und hergeschnitten. Gefängnis, Gerichtsaal und (Nachtclub-)Bühne verschmelzen in der Rhythmik der Auftritte.[333]

Chicago als Ort und titelgebende Kraft wird dabei aufgelöst, bevor es überhaupt ein Eigengewicht als sinnstiftende Einheit entwickeln kann. Auf verbaler Ebene gibt es zwar beiläufige Verweise, die einen tatsächlichen Ortsbezug implizieren („Lake Shore Drive", „North Side"), aber als Handlungsträger bzw. „Mitspieler" bleibt die Stadt bedeutungslos. Die wenigen Außenaufnahmen, die vermutlich im Studio entstanden sind bzw. digital produziert wurden, wirken weichgezeichnet und unwirklich, die Tiefenschärfe fehlt. Programmatisch betont der Film die Künstlichkeit seiner Rauminszenierung auf allen Ebenen. Eine zentrale Rolle spielt die Farbkomposition – dem Braun und Grau der Spielszenen sind das aggressive Schwarz und die grellen Rot- und Blautöne der Showmomente gegenübergestellt.

Der Mittelteil des Films enthält eine Sequenz im Stile der *Newsreel*-Aufnahmen der 1920er Jahre. Vor einer historischen Schwarzweißaufnahme der Skyline Chicagos laufen Zeitungsmeldungen ab, die von Roxies (temporärer) medialer Omnipräsenz künden. „Vergessen Sie Al Capone",[334] sagt der Nachrichtensprecher, während kleine Szenen die „Marketing-Maschine" nachstellen: Frauen präsentieren sich mit Roxie-Frisur, Kinder spielen mit Roxie-Puppen, Gegenstände aus Roxies Wohnung werden als Devotionalien an „Fans" verkauft. Diese Sequenz und die späteren Szenen im und um das Gerichtsgebäude implizieren einen urbanen Raum, der, wenn er in Erscheinung tritt, von pompöser neoklassizistischer Architektur, Konsum und Medienrausch geprägt ist. Bildzitate und Versatzstücke ersetzen dabei elaborierte Außenaufnahmen.

> For that matter, it's a shame Chicago mostly isn't around [...] And though it's true that the film is a period recreation, it

---

[333] Zentrales Element ist dabei der permanente Transfer von Bühne zu Bühne. Dementsprechend beginnt der Film in einem Nachtclub und endet im Theater.

[334] *Chicago* 2002. Transkription von der deutschen Video-Ausgabe 2003.

suffers from a lack of any real sense of the city, any open air- or any views of Lake Michigan.[335]

Bezeichnenderweise stammt diese Aussage von demselben Chicagoer Filmkritiker, der *Road to Perdition* für seine „shivery accuracy"[336] der Stadtaufnahmen lobt. In *Chicago* wird die Oberfläche zur Essenz der Inszenierung. Das Resultat lässt sich als Travestie lesen. Der Film „verkleidet" sich als Chicago. Er benutzt den Begriff als *Blue Screen*, auf die verschiedene Imaginationen von Verlangen, Gewalt und Vergnügen als Elemente transgressiver Urbanität projiziert werden. Diese Strategie korrespondiert mit dem Darstellungskonzept, das Stephen Barber in seiner Studie *Projected Cities* beschreibt:

> The film city's texture comprises an unsteady amalgam of sexual and corporeal traces, of illuminations and darknesses, of architectural ambitions and their cancellation, and of sudden movements between revolution and stasis. As a result, the film city is containable only in an open book of death and origins, constructed from urban fragments that slip into freefall [...].[337]

Zwar spricht Barber nicht explizit von mythischen Strukturen, aber seine Überlegungen erinnern im Grundsatz wiederum an Barthes' Theorem von der Genese der mythischen Bedeutung durch Bewegung. Wo Barthes allerdings das Kontinuum der Kreisbewegung entwirft,[338] sieht Barber eine unruhige Oszillation von „sudden movements between revolution and stasis". Barbers Konzept entspricht in dieser Hinsicht der Musicalstruktur und der Schnitt-Technik von *Chicago*, wie schon der Filmanfang zeigt: Die Kamera zoomt in die Tiefe von Roxies Auge. Dabei formt sich in der Pupille das „C" von Chicago, das zu einem rot flackernden Leuchtreklameschriftzug wird, um schließlich als greller Fotoblitz zu explodieren (Abb. 36). Der Zuschauer wird geblendet, über die nächsten, wieder dunklen Bilder legen sich die nachhallenden Lichtpunkte dieser Eruption. Diese optische Manipulation evoziert die Idee des „after-image", wie sie Joan Ramon Resina entwickelt hat:

---

[335] Wilmington 2002b, ohne Seitenangabe. Für Wilmington als Einheimischen trägt der Film zudem den Makel der „runaway production, shot primarily in Toronto."

[336] Wilmington 2002a, ohne Seitenangabe.

[337] Barber 2002, 13f.

[338] Siehe Barthes 1964, 104.

[After-image] denotes a visual sensation that lingers after the stimulus that provoked it has disappeared, and opens the idea of 'image' to a cluster of theoretical possibilities based on temporal displacement, sequentiality, supersession, and engagement. Unlike 'post-image,' however, the concept of after-image does not suggest that one transcends and leaves behind the imaginary. The image is fully retained, but is now a temporalized, unstable, complex image brimming with the history of its production.[339]

In diesem Sinne ist Chicago im Film nur als „after-image" präsent, dem allerdings wiederum ein anderes „after-image" vorgeschaltet ist: Das erste Bild, mit dem der Zuschauer bei einer Vorführung von *Chicago* konfrontiert wird, ist zwar ein fundamental urbanes Bild, aber ironischerweise kein Bild der Stadt – der Film wird mit einer Kamerafahrt auf die nächtliche Skyline von New York, die vielleicht bekannteste Manifestation metropoler Ikonographie, eröffnet. Diese, so wird schnell klar, ist nicht Teil der Inszenierung, sondern der übliche Logovorspann der Produktionsfirma Miramax.

Abb. 36: Explodierender Schriftzug

Trotzdem erscheint dieser Umstand symptomatisch für den ganzen Film: *Chicago* handelt von den *Roaring Twenties*, Showbusiness, Jazz und Medienmanipulation – nicht aber von Chicago. Als historisches Phänomen oder geographische Einheit spielt die Stadt trotz des suggestiven Titels keine Rolle, denn der Film bezieht sich ausschließlich auf den Mythos des Begriffs. Der Vorwurf, dass der Produktion „any real sense of the city" fehle, wird in diesem Kontext hinfällig. Ebenso löst sich die scheinbare Opposition zu *Road to Perdition* auf. Zwar unterscheiden sich die Filme grundlegend in ästhetischen und narrativen Strategien, aber beiden liegt eine ähnliche Vorstellung des Mythos „Chicago" zugrunde. Beide verorten

---

[339] Resina 2003c, 1f.

das mythische Chicago in Reminiszenzen der 1920/30er Jahre und nutzen das damit verbundene kollektive Imaginäre,

> das die symbolische Sinnwelt einer Gesellschaft – ihre Wahrnehmungen, Wertsetzungen, Selbstbilder und Rollenzuschreibungen – prägt. Mythos im Sinne massenhaft internationalisierter Denk- und Sehgewohnheiten wird nicht mehr anthropologisch, sondern prononciert historisch als Produkt von Inszenierung und Medienstrategien verstanden.[340]

Der Mythos ist dementsprechend eine Schöpfung seiner Zeit, zugleich aber auch zeitlos, wie die Entwicklungsgeschichte des Stoffs zeigt, auf dem Marshalls *Chicago*-Film basiert. Als unmittelbare Bezugsquelle fungiert zunächst das bekannte Musical von 1975, das 1996 erfolgreich am Broadway wiederbelebt wurde.[341] Weniger geläufig ist die Tatsache, dass dieses auf einem Theaterstück beruht, das 1926 veröffentlicht wurde und 1927 in den Sammelband *The Best Plays of 1926-27* des Theaterkritikers Burns Mantle aufgenommen wurde.[342] Maurine Dallas Watkins, die Autorin, hatte kurze Zeit als Gerichtsreporterin für die *Chicago Tribune* gearbeitet und das Stück auf der Grundlage von zwei tatsächlichen Fällen entwickelt.[343] Dem Broadwaydebüt im Dezember 1926 folgten zwei Verfilmungen: 1928 als gleichnamiger Stummfilm (Abb. 37) und 1942 als Tonfilm *Roxie Hart* mit Ginger Rogers.[344]

Abb. 37: Filmplakat (1928)

Gleichzeitig wurde das Thema in der lokalen Presse nach Bedarf reanimiert, wobei die realen Fälle von 1924 und die Stückfiktion zumeist in enger Verbindung präsentiert wurden. „In contrast to

---

[340] Assmann und Assmann 1998, 185.
[341] Siehe Norton 2002, 582
[342] Bis zur Wiederentdeckung und Neuveröffentlichung durch den amerikanischen Literaturprofessor Thomas H. Pauly 1997 wurde *Chicago* nur einmal – 1927 – als eigenständiges Stück publiziert (siehe Pauly 1997 vii).
[343] Siehe Collins 1951, 3.
[344] Siehe Pauly 1997, vii.

New York where the play's origins were suppressed, Chicagoans were encouraged to recall the people and entertaining articles that had inspired it."[345]

Obwohl bzw. gerade weil das Stück in New York erfolgreich uraufgeführt wurde, versuchten zeitgenössische Quellen immer wieder, das „Chicago-typische" des Textes hervorzuheben. Laut *New York Daily Telegraph* war Watkins Schauspiel „excellently suited to tell the world all it need to know about the city of Chicago".[346] Als zentrale Vermarktungsstrategie fungierte eine „opportunistic exploitation of New York biases".[347]

> What the author has tried to do, and has succeeded admirably in doing, is to set forth a caricature of the Illinois frontier town that hides behind a mask of metropolitan civilization [...]. The caricature she has contrived with an uncommon dexterity: she has fixed the essence of the Chicago of today to the stage [...]. Its exaggeration never for a moment becomes a burden to its recognizability [...].[348]

Dieser „Wiedererkennungswert" wurde besonders bei den New Yorker Aufführungen sorgfältig gepflegt:

> Audiences were handed Chicago-like newspapers filled with stories of killings and thefts, and tough-looking and acting characters were scattered through the house to add local color to the show.[349]

In Chicago selbst wurde das Stück zum Erstaunen der New Yorker gleichfalls positiv aufgenommen.[350] Die Chicagoer Theaterkritik reagierte mit freundlicher Selbstironie: „It were silly for the most devoted of us, as Chicagoans, to be resentful because the piece is called 'Chicago': that is, after all, the best of titles for it."[351] Thomas H. Pauly berichtet in seinen Ausführungen zur Stückgeschichte,

---

[345] Pauly 1997, xxvi.
[346] Zit. in: Pauly 1997, xi.
[347] Zit. in: Pauly 1997, xi. Auch im Stück selbst gibt es konkrete Anspielungen auf die Rivalität zwischen New York und Chicago. Im ersten Akt erklärt ein Pressefotograf: „And you can thank your stars you're in Chicago where the poor workin' girl's got a chance. In New York now, yuh gotta be a millionaire to make front page" (Watkins 1997, 36).
[348] Nathan 1927, vii.
[349] Leiter 1985, 140.
[350] Siehe Pauly 1997, xxvii.
[351] Anonymus 1927, ohne Seitenangabe.

dass der für seine Korruptheit und Medienmanipulation berühmt-berüchtigte Bürgermeister der Stadt, William Hale Thompson, sogar soweit ging vorzuschlagen, „that Watkins be made publicity agent for the city of Chicago".[352]

Diese Idee blieb unrealisiert, dafür aber spielte Watkins Stück kurzzeitig eine Rolle in der grenzüberschreitenden Außendarstellung der Stadt. Am 5. Dezember 1927 wurde *Chicago* als Theaterimport am Künstlertheater in Berlin aufgeführt. Zwar ist aufgrund der mangelhaften Quellenlage an dieser Stelle keine verlässliche Rekonstruktion der Aufführungsrezeption möglich, aber eine Rezension der *New York Times* erlaubt zumindest, Spekulationen über den transatlantischen Stücktransfer anzustellen. 1927 hatte der New Yorker Theaterkritiker George Jean Nathan im Vorwort zur Erstveröffentlichung des Stücks geschrieben: „It is American to the core".[353] In seiner Berliner Premierenkritik konstatiert C. Hooper Trask, der Theaterkorrespondent der *New York Times*, nun vor allem ein Problem der kulturellen Kompatibilität.

> CHICAGO and Berlin! Several trillion gallons of water and uncounted grains of sand separate these two cities, and, what is far more important, numerous generations of civilization. Is it, therefore, any wonder that, Miss Watkin's play 'Chicago,' which typifies the titan of the Middle West, should not be easily decipherable by a Teutonic stage director or German audience?[354]

Die „recognizability", mit der das Stück zuvor die Kritiker in New York und Chicago übereinstimmend überzeugt hatte, scheint in Berlin nicht zu funktionieren. Dabei diagnostiziert Hooper Trask einerseits eine Nichtübertragbarkeit des Lokalkolorits und impliziert andererseits ein Spannungsverhältnis im deutsch-amerikanischen Kulturaustausch.

> I cannot close the inquest without mentioning the annoyingly contemptuous attitude of the Berlin press. They treated the play as though it concerned a phenomenon which could occur only in barbarous America. The comedy is, I admit, indigenous to the Chicago soil, full of the windy

---

[352] Pauly 1997, xxvii.
[353] Nathan 1927, viii.
[354] Hooper Trask 1971 [orig.: 1927], ohne Seitenangabe. Hervorhebung im Original.

spaces of Michigan Boulevard, but the underlying satire of
the psychology of juries is universal.[355]

Ausgehend davon stellt sich die Frage, ob die Lesbarkeit des Mythos „Chicago" zu dieser Zeit für ein deutschsprachiges Publikum grundsätzlich problematisch war. Da eine Rezeptionsanalyse oder empirische Aussagen im Rahmen dieser Arbeit nicht möglich sind, soll im Folgenden anhand von zwei Beispielen die damalige Chicago-Imagination deutschsprachiger Künstler vorgestellt werden, bevor am Ende des Kapitels eine Rückkehr in den Bereich des Hollywoodmythos versucht wird.

3.3. Chicago an der Donau

Am 5. April 1928, fünf Monate nach der Berliner Premiere von *Chicago*, wurde in Wien Emmerich Kálmáns Operette *Die Herzogin von Chicago* im Theater an der Wien uraufgeführt.[356] Der ungarische Komponist hatte zu diesem Zeitpunkt bereits eine internationale „Karriere" hinter sich – viele seiner Werke wurden im europäischen Ausland gespielt und erlebten erfolgreiche Tourneen in den USA.[357] Im Auftrag des New Yorker Theatermoguls Arthur Hammerstein hatte Kálmán Songs für das Musical *Golden Dawn* verfasst und „dabei Geschmack am Operettenschauplatz Amerika"[358] gefunden. Vor diesem Hintergrund entstand 1928 in Zusammenarbeit mit den Librettisten Julius Brammer und Alfred Grünwald *Die Herzogin von Chicago*.

> Mary, eine verwöhnte reiche Amerikanerin [aus Chicago], besucht mit ihrem Sekretär Bondy [den fiktiven] Balkanstaat [Sylvarien], um sich dort ein Königsschloss zu kaufen. Dessen Besitzer, Erbprinz Sandor, gibt sich als sein eigener Sekretär aus und verkauft sein Schloss, um bitter benötigte Devisen für sein Land aufzutreiben. Als Mary seine wahre Identität erfährt, schreibt sie ihrem Vater, sie werde nicht nur das Schloss, sondern auch den Prinzen kaufen. Bondy

---

[355] Hooper Trask 1971 [orig.: 1927], ohne Seitenangabe.
[356] Siehe Frey 2003, 187.
[357] Siehe Josef Weinberger GmbH 2003, 6.
[358] Josef Weinberger GmbH 2003, 7.

hat sich inzwischen mit der temperamentvollen Prinzessin Rosemarie, der Cousine des Prinzen, angefreundet. Mary wird zur „Herzogin von Chicago" ernannt und erwartet eine Erklärung des Prinzen, aber dieser, verletzt durch das Schreiben Marys an ihren Vater, gibt seine Verlobung mit Rosemarie bekannt. Diese jedoch hat inzwischen Gefallen an Bondy gefunden. In einem kurzen, glücklichen Finale finden sich die „richtigen" Paare.[359]

Kálmán, Brammer und Grünwald karikieren in ihrer Operette das Zusammentreffen des alten Europas mit den Kulturimporten der Neuen Welt. „Ein Ozean trennt zwei Welten weit, Welten so grundverschieden!",[360] singt Mary, die Amerikanerin. Diese beiden Welten definieren sich essenziell über ihre Kulturprodukte. Auf der einen Seite steht Sandor mit seinen nostalgischen Erinnerungen an die Zeit der k. u. k. Donaumonarchie und seiner Kritik an der Moderne.

> Sandor: Das war'n noch Zeiten!
> Herrgott, das war'n Zeiten!
> Alles war anders, alles war schön!
> Achtzehnhundertumzig!
> Muß denn, was schön ist, alles vergehn! [...]
> Oh, wie hast du dich verwandelt,
> Schöne Welt, bist ganz verschandelt, [...].[361]

Ihm zugeordnet ist die altertümliche Figur des Zigeunerprimas, der mit seiner Musik Sandors Bedürfnis nach den „schönen alten Lieder[n]"[362] befriedigen soll. Angesichts der prekären Finanzlage seines Reiches sind dem Prinzen nur Wiener Walzer und ungarischer Csardas als (kulturelles) Kapital[363] geblieben, das er in seinen Begegnungen mit Mary, die mit eigener Jazzkapelle und „sechzehn hübschen Tanzgirls" anreist,[364] vehement verteidigt. Schon der erste

---

[359] Josef Weinberger GmbH 2003, 22f.
[360] Brammer, Grünwald und Kálmán 1928, 33.
[361] Brammer, Grünwald und Kálmán 1928, 13f. Die zitierten Textauszüge beziehen sich auf das 1928 zur Operette veröffentlichte Liederbuch, das zum Teil von dem Libretto abweicht, das die Verlagsgesellschaft *Musik und Bühne* aktuell vertreibt.
[362] Brammer, Grünwald und Kálmán 1928, 6.
[363] Ich beziehe mich hier auf den multiplen Kapitalbegriff, wie ihn Pierre Bourdieu entwickelt hat (siehe Bourdieu 1983).
[364] Brammer, Grünwald und Kálmán 2004, 23.

gemeinsame Auftritt im Vorspiel[365] zeigt beide in einer Auseinandersetzung um die Musikauswahl:

> Mary: Bobby, jetzt spiel' mir was auf,
> Spiel' mir was Lustiges auf!
> Schnell auf dem Saxophon
> Spiel' einen Charleston auf!
> Sandor: Ein Wiener Lied, so süß und weich,
> Ist wie ein Gruß vom Himmelreich!
> Der Teufel hol' das Saxophon!
> Kein Mensch versteht ein' g'scheiten Ton [...]
> Mary: Bobby, den neusten Foxtrott befehle ich!
> Sandor: Primas! Nur Walzer und Csardas spiel' auf für mich![366]

Von Beginn an wird dieser „clash of cultures" im Wettstreit der Klänge ausgetragen: Wiener Walzer und ungarischer Csardas gegen Charleston, Foxtrott und Jazz. Der Zigeunerprimas auf der einen und der schwarze Saxophonist Bobby auf der anderen Seite fungieren als klischeeisierte Chiffren dieser kulturellen Differenz. Ihre fundamentale Aufgabe ist die Erzeugung eines Unterhaltungs-Wertes (Musik), der für beide Seiten eine zentrale Bezugsgröße darstellt. Dadurch bestätigen sie den Konsumentenstatus von Mary und Sandor, in deren Diensten sie jeweils stehen. Die Musik und ihre Ausführenden sind Statussymbol und Metapher zugleich. Der Zigeunerprimas personifiziert Sandors nostalgische Reminiszenzen, Bobby repräsentiert ikonographisch das Lebensgefühl, das Mary vermitteln möchte. Als Vertreterin der „Neuen Welt" heißt ihre Botschaft unbegrenzter Konsum, ihr Kapital besteht aus transatlantischen Rhythmen und Dollarscheinen.

> Mary: Wir Ladies aus der Neuen Welt
> Wir kaufen das, was uns gefällt,
> Wir schau'n uns alles an –
> Was man für Dollars kaufen kann.[367]

Mit diesen „Werten", so suggeriert der Text,[368] versucht das „weibliche" Amerika, das „männliche" Europa zu verführen.[369] Jazz,

---

[365] Die Operette besteht aus zwei Akten mit einem Vor- und Nachspiel. Während sich der Hauptteil im fiktiven Sylvarien vollzieht, finden Vorspiel und Nachspiel in einem Budapester Nachtlokal („Grille americaine") statt.
[366] Brammer, Grünwald und Kálmán 1928, 9f.
[367] Brammer, Grünwald und Kálmán 1928, 42.

Charleston und Foxtrott fungieren als akustische Manifestationen von Marys Lebensanschauung, die der Sandors diametral gegenüber zu stehen scheint. Dabei ironisiert das Stück am Vorabend von Weltwirtschaftskrise und Faschisierung beide Einstellungen: Sandors schwärmerisch reaktionären Hang zu altmodischen Militärparaden und Marys blindes Vertrauen in die Kraft des Geldes. Aus heutiger Perspektive lassen sich die Protagonisten als Repräsentanten pervertierter Gesellschaftsschichten (verarmte Aristokratie vs. neureicher Geldadel)[370] lesen, die im Kräftefeld der 1920er aufeinander treffen und deren kurzsichtige Ignoranz die fatalen Entwicklungen der 1930er Jahre begünstigen sollte.[371]

> *Sandor:* Nur kein Mitleid – ich bin schon bereit!
> Ich bin auch modern wie Sie!
> Konjunktur verpass' ich nie!
> Ich versteh' ganz genau meine Zeit![372]

Retrospektiv kann der Unterhaltungswahn der Figuren und ihre an Besessenheit grenzende Fixierung auf den Zeitgeist, die von Anfang an den Bezugsrahmen des Geschehens bilden, nur zynisch wirken. Gleichzeitig spielen die Elemente des Modernen eine wichtige Rolle für das atmosphärische Setting.

> *Chor:* Jazz, das ist die Mode, die Methode,
> Immer nur Jazz!

---

[368] Die Auseinandersetzung mit der musikalischen Gestaltung dieser Verführung ist im Kontext dieser Arbeit nicht möglich. Sie muss an anderer Stelle und mit anderer Expertise geführt werden. Auch Stefan Freys ausführliche Kálmán-Biographie bietet zur Musik dieser Operette nur überblicksartige Gedanken (siehe Frey 2003, 187-194).

[369] Diese Konstellation wird in dem Paar Bondy-Rosemarie verkehrt. Während Sandor Mary aber (zunächst) ablehnt, geht Rosemarie quasi unmittelbar auf Bondys Werben und sein konsumorientiertes Heiratsangebot ein: „Keinen Schritt mußt du mehr laufen, Wozu haben wir das Geld? [...] Ich gestehe es dir schlank gleich, Meine Frau die lebte so, Wie der liebe Gott in Frankreich" (Brammer, Grünwald und Kálmán 1928, 27f).

[370] Ironischerweise wurde die Operette in der Sowjetunion wegen ideologischer Inakzeptabilität verboten (siehe Traubner 1999, 41).

[371] Thomas Münstermanns Inszenierung von 2003 am Stadttheater Osnabrück visualisiert diese Assoziation: „[M]itten im jazzseligen Finale erscheint Hitler und die Papierkulissen gehen in einem Flammenmeer auf" (Klein 2003, ohne Seitenangabe).

[372] Brammer, Grünwald und Kálmán 1928, 31.

> Das ist der Rhythmus, wo man mit muß –
> Immer nur Jazz!
> Das ist der Atem, ist das Tempo
> Unserer neuen, so wild bewegten Zeit!
> Ja, Jazz, immer nur Jazz!³⁷³

Jazz ist im Kontext der Operette jedoch nicht nur ein Symbol des Zeitgeistes.³⁷⁴ Vielmehr stützt der Jazzbezug das zentrale Chicago-Motiv der Operette. „The explanatory imagery of the twenties had been overwhelmingly urban – filled with skyscrapers, bustling businessmen, and new women, all set on a jazz score."³⁷⁵ Kálmáns, Brammers und Grünwalds Chicago fungiert dabei als Metapher für das Amerikanische aus europäischer Sicht.³⁷⁶ Sie beziehen sich auf einen Zeitdiskurs, der – ähnlich wie Watkins Stück und die lokalen Mythosproduzenten der Jahrhundertwende und des frühen 20. Jahrhunderts³⁷⁷ – die Stadt als essenzielles Phänomen der Moderne interpretiert und darüber hinaus das Amerikanische als (scheinbar)

---

373   Brammer, Grünwald und Kálmán 1928, 5. Diese Passage ist Teil des Eröffnungsliedes der Operette, das sich in dieser Form allerdings nur im Liederbuch findet; im Libretto fehlt der Jazz-Anfang. Dabei fällt eine textliche Ähnlichkeit zum Intro-Song von Ebbs und Fosses Musical auf. Wo es bei Brammer, Grünwald und Kálmán „Immer nur Jazz!" heißt, lassen Ebb und Fosse „And all that Jazz" singen. Eine mögliche Beeinflussung des Musicals durch das ältere Werk ebenso wie die motivgeschichtlich relevante Frage nach Kálmáns potentieller Bekanntheit mit Watkins *Chicago*-Stück durch die Berliner Gastaufführung im Jahr 1927 können im begrenzten Rahmen dieser Arbeit nicht nachvollzogen werden.

374   Allerdings war die Auseinandersetzung mit Jazz ein zentrales Thema im modernen deutschsprachige Musiktheater der 1920er Jahre - 1927 wurde die erste „Jazz-Oper", Ernst Kreneks *Johnny spielt auf*, in Berlin uraufgeführt.

375   R. L. Duffus zit. in: Ruth 1996, 145f.

376   Vermutlich nicht zuletzt aus diesem Grund war die Operette in den USA kein Erfolg. Dabei versuchten die amerikanischen Kritiker das Allgemeingültige der Metapher auf Chicago zu reduzieren. Richard Traubner zitiert dementsprechend die Rezension der New Yorker Sun: „eingängig, aber das Stück ist überzuckert und nicht schmeichelhaft für Chicago" (zit. in: Traubner 1999, 40). Anders als bei Watkins *Chicago* nutzten die „New York biases" gegenüber der Konkurrenzstadt im Fall von *Die Herzogin von Chicago* allerdings nicht aus, um Publikum und Kritiker geneigt zu stimmen.

377   Siehe Kapitel 1 dieser Arbeit.

aufregenden Gegenentwurf zum Erschöpfungszustand des Europäischen imaginiert.[378]

Obwohl nicht Schauplatz des Geschehens, ist Chicago als Idee ständig präsent. Es wird als die Inkarnation einer modernen urbanen (ergo amerikanischen) Konsumwelt konfiguriert, die der romantischen Idylle vom „Wien am Donaustrand", das Sandor in seinem ersten Auftritt besingt,[379] entgegengesetzt ist. Das Duett von Mary und Bondy („Und in Chicago, wissen Sie, was sich da tut?") präsentiert das Konzentrat von Imaginationen, mit denen das Amerika zwischen Rockefeller und Hollywood durch die Phantasien der „Operetten-Europäer" geistert.

> Mary: Lichtreklamen, Riesenlettern,
> Abends auf- und abwärts klettern,
> Wolkenkratzer, Heilsarmee!
> Neger, Affen, Milliardäre,
> Indianer, Missionäre,
> Selfmademan und Kinofee.[380]

Später erklärt sie: „Uns aus Chicago nichts auf der Welt imponiert! Weil in Chicago nichts als der Dollar regiert!"[381] Hier wird deutlich, dass die Chiffre Chicago unmittelbar mit einer Vorstellung vom Kapitalismus amerikanischer Provenienz assoziiert ist. „Chicago [ist] die amerikanischste von allen amerikanischen Städten", schreibt Marco d'Eramo in seinen Ausführungen zur Mentalitätsgeschichte Chicagos. Diesen Superlativ sieht er im kapitalistischen Wesen der Stadt begründet:

> An keinem Ort der Welt ist der Glaube an die befreiende Kraft des Kapitals so stark, und nirgends sonst ist der Kapitalismus zu einer derart fundamentalistischen Religion geworden wie hier. Wenn die Vereinigten Staaten das Land Kanaan für den Kapitalismus sind, dann ist Chicago sein Jerusalem.[382]

D'Eramo formuliert diese Einschätzung aus einer Perspektive vom Ende des 20. Jahrhunderts. Aber der implizierte Topos vom „gelobten Land" kapitalistischer Prägung – in seiner Ontologie gleich-

---

[378] Siehe Lyon 1984, 18.
[379] Brammer, Grünwald und Kálmán 1928, 7.
[380] Brammer, Grünwald und Kálmán 1928, 19.
[381] Brammer, Grünwald und Kálmán 1928, 29.
[382] D'Eramo 1998, 13.

falls eine mythische Kategorie – entspricht den ideologischen Grundannahmen, die *Die Herzogin von Chicago* propagiert und ironisiert. Mit dieser Prämisse stimmt beispielsweise der Chor der Sylvarier am Anfang des zweiten Aktes seine Hymne auf die erhoffte Geldgeberin an.

> *Chor:* Heil sei dir, Amerika!
> Hoch Miß Mary Lloyd!
> Gerne sind wir alle da,
> Dich zu grüßen heut.
> Dort aus dem gelobten Land,
> Wo der Dollar rollt,
> Kamst übers Meer weit zu uns her,
> Alles liegt zu Füßen dir, du Märchen aus Gold!³⁸³

Das Reisemotiv impliziert die scheinbar uneingeschränkte Mobilität von Person und Kapital, die im Kapitalismus möglich wird. Dabei funktioniert der transatlantische Transfer offenbar nur in eine Richtung, nämlich entlang der Reiseroute von Mary, an deren Ausgangspunkt Chicago steht. Diese einseitige „Globalisierungsbewegung" wird auch evoziert, wenn Marys Sekretär Bondy verkündet, „Brünner, Wiener und Berliner [...] Szegediner, Debracziner [...] Bukarester, Budapester [...] Krotoschiner, Bukowiner sagen: How do you do!"³⁸⁴

Die Herzogin von Chicago spiegelt und karikiert sowohl den „Hype" als auch den Angstdiskurs der europäischen Amerika-Imagination. Letzterer spielt mit der Angst vor Überfremdung, Sprachverlust und kapitalistischer Entfremdung:

> *Bondy:* Und in Chicago, wissen Sie, was sich da tut?
> Und in New York erst, wissen Sie, was sich da tut?
> Dort schert sich niemand um den eigenen Bruder –
> Nur Misters, Sisters, Lärm und Geruder –³⁸⁵

Das Bedrohungsszenario ist per se eine essenzielle Kategorie im Wirken des Mythos. Wie Hans Blumenberg erklärt:

---

383   Brammer, Grünwald und Kálmán 1928, 37.
384   Brammer, Grünwald und Kálmán 1928, 19ff. Allerdings ist anzumerken, dass alle amerikanischen Figuren des Stücks (gebrochen) deutsch sprechen bzw. (ungebrochen) deutsch singen und auch wiederholt versuchen, ihre Aussprache zu verbessern bzw. anzupassen. Es wird also durchaus eine beidseitige Bemühung um Verständigung impliziert.
385   Brammer, Grünwald und Kálmán 1928, 20.

Geschichten werden erzählt, um etwas zu vertreiben. Im harmlosesten, aber nicht unwichtigsten Falle: die Zeit. Sonst und schwerer wiegend: die Furcht. In ihr steckt sowohl Unwissenheit als auch elementarer, Unvertrautheit.[386]

In diesem Sinne lässt sich *Die Herzogin von Chicago* als Zeitreflexion lesen, in der der Mythos Chicago als Amerika-Mythos überzeichnet wird, um kulturelle Differenz verhandelbar zu machen. Am Schluss gibt Sandor seinen Widerstand auf und singt konziliant:

> Sandor: Ein kleiner Slowfox mit Mary
> Bei Cocktail und Cherry –
> Das wär' so mein Ideal...[387]

Dem *Happy End* in (aller-)letzter Minute – genaugenommen endet die Geschichte zunächst disharmonisch (Sandor will nicht Mary, sondern Rosemarie heiraten), erst das Nachspiel bringt die positive Auflösung – schwingt dabei trotz aller Ironie[388] ein utopischer Gedanke mit.

Die Möglichkeit einer interkulturellen Synthese, wie sie Kálmáns Musik mit Versatzstücken aus den unterschiedlichen euro-amerikanischen Stilen noch mehr suggeriert als das Libretto, sollte in ihrer Zeit keine Zukunft haben. 1936 wurde *Die Herzogin von Chicago* von den Nationalsozialisten als entartete Kunst verboten.[389] Der „Anschluss" und die Machtübernahme der Nationalsozialisten in Österreich zwangen Kálmán 1940 ins amerikanische Exil.[390] Der Kulturtransfer in diese Richtung sollte ihm allerdings wesentlicher schwerer fallen als umgekehrt seinen Operetten-Figuren. „Wie viele andere emigrierte Künstler fand auch Kálmán in den USA Achtung und Respekt, jedoch relativ wenig Verständnis und Begeisterung für

---

[386] Blumenberg 1979, 40.

[387] Brammer, Grünwald und Kálmán 1928, 56.

[388] Die Autoren beenden ihre Geschichte mit einer ironischen Referenz auf die amerikanische „Happy End-Kultur", die, so wird suggeriert, am Broadway und in Hollywood vorherrscht. Der fremde Herr, der versucht zwischen Mary und Sandor zu vermitteln, entpuppt sich als Generaldirektor einer amerikanischen Filmfirma, die die Geschichte der beiden im Rahmen ihrer neuen Serie „Filme nach dem Leben" ins Kino bringen will: „Unser Publikum will unbedingt, daß sich die r i c h t i g e n Paare kriegen – wir brauchen das h a p p y   e n d !" Dieser „Aufforderung" leistet Sandor umgehend Folge. (Brammer, Grünwald und Kálmán 2004, 87. Hervorhebung im Original).

[389] Siehe Adam 2003, ohne Seitenangabe.

[390] Siehe Josef Weinberger GmbH 2003, 8.

seine Kunst."[391] Nach dem Krieg erlebten seine Operetten – allen voran *Die Csárdásfürstin* – eine Renaissance in Deutschland und Österreich.[392] Aufführungen der *Herzogin von Chicago* sind allerdings nicht belegt. Erst im März 2003 machte das Stadttheater Osnabrück mit der europäischen[393] Wiederentdeckung auf sich aufmerksam.[394] Dieser folgten in der Saison 2003/2004 zwei Inszenierungen in Dresden und Augsburg. Für die Spielzeit 2004/2005 sind bis dato Premieren in Bonn und Leverkusen angekündigt, dann soll die Operette endlich auch nach Wien zurückkehren.

3.4. The Chicago Gangster Theory of Life[395]

Inspiriert von einem eintägigen Aufenthalt in Chicago und einem angeblichen Treffen mit Al Capone[396] verfasste der englische Krimischriftsteller Edgar Wallace im Herbst 1929 das Theaterstück *On the Spot*,[397] das seine Biographin Margaret Lane folgendermaßen beschrieb:

---

[391] Josef Weinberger GmbH 2003, 9.
[392] Siehe Josef Weinberger GmbH 2003, 9.
[393] Laut Richard Traubner hat es in den 1990er Jahren Aufführungen in New York und Chicago gegeben (siehe Traubner 1999, 44).
[394] Interessanterweise hatte die Osnabrücker Inszenierung kurze Zeit nach der deutschen Veröffentlichung von Rob Marshalls *Chicago*-Film Premiere. Damit soll nicht zwangsläufig eine Verbindung, die zumindest marketingtechnisch denkbar wäre, unterstellt werden. Allerdings stützt dieser „Zufall" die spekulative These, dass es immer wieder zu bestimmten Zeiten Cluster des Chicago-Motivs gegeben hat. Diese Überlegung muss hier jedoch angedeutet bleiben, da der Umfang und das beschränkte Quellenmaterial dieser Arbeit keine umfassenden Schlüsse zulassen.
[395] Diese Überschrift ist Andrew Ross' Aufsatzsammlung *The Chicago Gangster Theory of Life. Nature's Debt to Society* (1994) entliehen.
[396] Wolfgang Schüler kolportiert diese Geschichte in seinem Buch *Edgar Wallace. Ein Leben wie im Film* ohne Quellenangaben bereitzustellen (siehe Schüler 2003, 194ff.). Margaret Lanes frühe Wallace-Biographie bestätigt zwar den Zusammenhang zwischen Reise und Stück und Wallace' Faszination mit der Person Capones, enthält aber keinen Hinweis auf ein Treffen zwischen beiden (siehe Lane ca. 1937, 341f.).
[397] Siehe Lane ca. 1937, 341f.

> Without doubt it is Wallace's best play, and perhaps even the finest melodrama of out time. It differs from all his other crime plays in its complete lack of the element of mystery, and in the economical power with which he built up his characters. The identity of the villain is not concealed from the audience, but is made abundantly clear in the first scene of the play [...].[398]

Der entscheidende dokufiktive Charakter des Stücks war nach Lanes Einschätzung vor allem dadurch bedingt, dass Wallace seine Hauptfigur, den Gangster Tony Perelli, nach dem Vorbild Al Capones entwarf:

> Such a man came nearer his idea of the master criminal than anyone he had yet encountered. The magnitude of gangster activity, wealth, the brutality and extravagance described to him during those crowded twenty-four hours in Chicago touched the macabre and extravagant part of his own imagination, and set his mind running feverishly in new channels.[399]

Präpariert durch die Medienberichterstattung in England und Amerika, war Wallace als Vorläufer des heutigen „Gangstertouristen"[400] fasziniert von Chicago und dessen *Underworld-*„Flair", das ihm sein Kurztrip bestätigen sollte. Vor Ort ließ er sich von einem Polizeibeamten die wichtigsten „szenerelevanten" Lokalitäten zeigen und von Journalisten die lokalen Zustände erklären.[401] Nach Aussage von Lane war der Schriftsteller begeistert, denn in seinen Augen war die Situation in Chicago „so much more violent and picturesque than anything to be found in the murky London settings of his own novels".[402]

Wallace' Wahrnehmung der Stadt, wie sie Lane schildert, entspricht einem fundamental theatralen Blick, der Chicago als idealtypischen Schauplatz des „Spektakels der Kriminalität"[403] erfasst und so die Funktionsweise des *Mapping* bestätigt, wie sie in Kapitel 2.1 dieser Arbeit mit Referenz auf Kennan Ferguson beschrieben wurde.

---

[398] Lane ca. 1937, 342.
[399] Lane ca. 1937, 340.
[400] Siehe Kapitel 2.4 dieser Arbeit.
[401] Siehe Lane ca. 1937, 340f.
[402] Lane ca. 1937, 341.
[403] Ich übernehme diesen Begriff von Richard Maltby. Siehe Maltby 1993 und 2001.

Gleichzeitig verweist Wallace' Personalentscheidung für das Stück symptomatisch auf die Ankunft einer neuen Chicago-Figur, die – neben den *Jazz-Age*-Protagonisten der *Herzogin von Chicago* – Ende der 1920er Jahre ins internationale Rampenlicht trat: der (Prohibitions-)Gangster.

In seinem Buch *Inventing the Public Enemy* zeichnet David E. Ruth die mediale „Erfindung" des amerikanischen Gangstertypus im Kontext der Konsumkultur der 1920er Jahre nach.

> The media gangster was an invention, much less an accurate reflection of reality than a projection created from various Americans' beliefs, concerns, and ideas about what would sell.[404]

Entscheidend war dabei seine urbane Herkunft, denn der Gangster war „a product of the city and an enthusiastic participant in its culture."[405] Ruth zeigt, wie der Gangster als Protagonist von Zeitungsberichten, Romanen, Filmen etc. eine zentrale Rolle in der Vermittlung der urbanen Moderne einnahm.

> Whether packaged as news or storytelling, the central project of gang imagery was the exploration of a fascinating, troubling urban world. Many of those who invented the gangster brought special skills and a long interest to the task of explaining the city.[406]

Obwohl sich die „Entwicklung" des Gangsters parallel in den verschiedenen Großstädten der USA – allen voran New York – vollzog, erlangte er nirgendwo einen so nachhaltigen ikonographischen Status wie in Chicago.

> Chicago's reputation owed more to Americans' social and moral concerns than to actual levels of criminality. As observes often acknowledged, crime rates there were no higher than in many other large cities. But as the nation's most dynamic city in the late nineteenth and early twentieth century, Chicago was at the center of widespread American concern about urbanism.[407]

Vor diesem Hintergrund musste ein Schriftsteller wie Wallace zur Authentifizierung und „Aufladung" seiner Imaginationen persön-

---

[404] Ruth 1996, 1.
[405] Ruth 1996, 2.
[406] Ruth 1996, 6.
[407] Ruth 1996, 121.

lich nach Chicago reisen. Diese Praktik entsprach einer Marketingstrategie, der sich auch Hollywood verpflichtet fühlte, wenn es für Filme wie *Public Enemy* (1931) oder *Scarface* (1932) Autoren und Schauspieler engagierte, die die Gegebenheiten vor Ort aus eigener Erfahrung kannten.[408]

Von eben diesem proklamierten Standpunkt des eingeweihten Berichterstatters aus veröffentlichte der deutsch-jüdische Künstler und Abenteurer Hugo Baruch 1932 unter dem Pseudonym Jack Bilbo den Roman *Ein Mensch wird Verbrecher. Die Aufzeichnungen des Leibgardisten von Al Capone*.[409] Baruch entstammte der Familie des Berliner Theaterausstatters Baruch, aber lebte und publizierte unter dem Namen Bilbo. Seine Biographie war geprägt von häufigen Orts- und Betätigungswechseln,[410] die er in mehr oder weniger starken Abwandlungen in seinen Erzählungen verarbeitete. Eine große Rolle spielte dabei die Selbstinszenierung als Jack Bilbo, den er als Kunstfigur schuf und über die Jahre als seine öffentliche Persona etablierte.

---

[408]   Siehe Ruth 1996, 6 und 119 oder Clarens 1997, 42.

[409]   Ein Mensch wird Verbrecher erschien zunächst als Fortsetzungsgeschichte in der *Münchner Illustrierten Presse*. Der große Erfolg der Serie ermöglichte die Buchveröffentlichung. Bilbo spricht in seinen 1948er Memoiren von Übersetzungen und erfolgreichen Auflagen in verschiedenen europäischen Ländern und fügt auch collagierte Zeitungsrezensionen auf deutsch, französisch, englisch, spanisch und holländisch bei (siehe Bilbo 1948, 26f und 135f.). Nachweislich gab es eine englische Ausgabe in mehreren Auflagen, die von der *Times* im April 1932 besprochen wurde. 1934 berichtet *The New York Times* von einem ausführlichen Interview Bilbos mit der spanischen Zeitung *La Publicitat*. In diesem Kontext wird Bilbo als „author of a widely published book describing gangster activities" beschrieben (Anonymous 1934, 3). Diese „Informationsfetzen" lassen darauf schließen, dass Bilbo und sein Buch Anfang der 1930er tatsächlich über einen bestimmten Bekanntheitsgrad verfügten, der über Deutschland hinausging. Bis heute scheinen jedoch weder seine Person noch sein Oeuvre zwischen Abenteuerliteratur und moderner Kunst zusammenhängend aufgearbeitet worden zu sein.

[410]   Bilbo lebte u.a. in Deutschland, Holland, Frankreich, Spanien und Großbritannien und arbeitete als Schriftsteller, Journalist, Maler, Kunsthändler, Kapitän, antifaschistischer Aktivist etc. Noch während des Zweiten Weltkriegs gründete er die *modern art gallery* in London, die mit exklusiven Ausstellungen von Künstlern der Moderne wie Picasso oder Schwitters auf sich aufmerksam machte. In den 1950er Jahren kehrte er nach Berlin zurück, wo er 1967 starb (siehe Anonymus 1993, 318 und Frowein 1989, 110).

In *Ein Mensch wird Verbrecher*, Bilbos erstem Buch, schildert der deutschstämmige Ich-Erzähler Jack, wie er Ende der 1920er Jahre von Berlin nach Amerika kommt und per Zufall in die Dienste von Al Capones Chicagoer Gangsterorganisation gerät. Die Erzählung suggeriert dabei, dass Autor und Protagonist synonym sind und der Text eine autobiographisch-dokumentarische Aufzeichnung darstellt. Im Vorwort zur englischen Ausgabe schreibt Bilbo:

> I am writing this book for those who wish to hear the truth about American gangs. [...] [I]n this book you will not find [...] any of the romantic nonsense that has marked previous books on gangsters and their ways. Nor is this a scenario for a Hollywood gangster movie. I am writing calmly, without excitement or over-enthusiasm; I am writing far from Chicago. But I am writing a piece of reality. Reality by my own experience is a hundred times more interesting than the most engrossing fiction.[411]

„Reality by my own experience" bildet den Schlüssel zum Verständnis von Bilbos Erzählung(en).[412] Sein Text erscheint zu einem Zeitpunkt, an dem der *True Crime*-Bericht im publizistischen Bereich bereits durch die *Pulp Magazines* ein etabliertes Genre darstellt. Dabei funktioniert *Ein Mensch wird Verbrecher* ausschließlich über seine als Tatsachen präsentierten Bezüge auf das Zeitgeschehen, die eine Bekanntheit der Leserschaft mit dem Mythos von Al Capone und Chicago voraussetzen. In diesem Sinne hat Marvin Carlson den Rezeptionsprozess als solchen beschrieben:

> We are able to 'read' new works [...] only because we recognize within them elements that have been recycled from other structures of experience that we have experienced earlier.[413]

Bilbo betreibt in seinem Buch ein Mythen-„Recycling", das die Erfindung der Gangsterfigur zunächst in den USA selbst, wie sie Ruth beschrieben hat, voraussetzt und gleichzeitig ihren (bereits vollzogenen) erfolgreichen Export nach Europa impliziert. Dabei

---

[411] Bilbo 1945, 5.
[412] Dem Erfolg von Ein Mensch wird Verbrecher sollte bereits im selben Jahr die Fortsetzung *Chicago-Shanghai. Gangster in besonderer Verwendung* folgen, in dem Bilbo seine amerikanischen Gangsterfiguren im Kontext des prärevolutionären China „testet".
[413] Carlson 2003, 4.

betont Bilbo als Teil seiner Legitimationsstrategie sein persönliches „Entdeckertum", mit dem er das Buch einleitet:

> An einem Apriltag des Jahres 1927 sah ich den ersten Gangster, das heißt den ersten Menschen, der einer modernen amerikanischen Räuberorganisation angehörte. Räuber ist schon ein viel zu romantisches Wort, man braucht da nicht gleich an Schinderhannes zu denken. Aber ich kann es nicht anders sagen. Wir haben in Deutschland keine Gangster, und darum haben wir auch kein deutsches Wort dafür.[414]

Der Eingangssatz im ironischen „Kolonialstil"[415] verweist bereits auf eine von Bilbos Grundideen, die sich im Folgenden aus dem Text destillieren lassen: Mit den genauen Beschreibungen einzelner Gangstertypen produziert er eine fiktive Ethnographie der Chicgoer Unterwelt.[416] Neben ihren Spezialisierungen (Bilbo unterscheidet in „Boß", „Bootlegger", „Bomber", „Snapper" und „Gunmen")[417]

---

[414] Bilbo 1932a, 7.

[415] In der englischen Fassung wird diese Parallele noch deutlicher: „On an April day in 1927, on Broadway, I saw my first gangster" (Bilbo 1945, 11). Als besonders eklatantes Beispiel von europäischem Gangster-Exotismus beschreibt Andrew Ross ein Konzept des britischen Soziobiologen Richard Dawkins. Dieser entwickelt 1976 die Idee des ‚selfish gene', das er in einer Gangster-Analogie typisiert: „Like successful Chicago gangsters, our genes have survived, in some cases, for millions of years, in a highly competitive world" (Dawkins zit. in: Ross 1994, 254). Dazu schreibt Ross: „for [Dawkins] the type of the Chicago gangster is no doubt as exotic to his own type – the Oxford don – as a Polynesian navigator, an Inuit fisher, or a pygmy hunter from Zaire might be" (Ross 1994, 254).

[416] Im Kontext einer Auflistung von „Leitsätzen" schreibt Bilbo: „Er [der Gangster] kann keinen Neger verachten, weil er ein Neger ist" (Bilbo 1932a, 210). Diese Analogie könnte einerseits mit Blick auf die ironisch-exotistische Perspektive des Anfangs gelesen werden. Andererseits versucht Bilbo vermutlich vordergründig, auf den gemeinsamen sozialen Außenseiterstatus von Immigranten und Schwarzen in der protestantischen weißen Mainstreamgesellschaft der Zeit zu verweisen. Wo allerdings ersteren durch ihre Gangsteraktivität die Möglichkeit von sozialer Mobilität eröffnet wird, bleibt die Situation letzterer unverändert: die wirklichen „Neger" – afroamerikanische Figuren – treten auch bei Bilbo nur als Küchenhilfen oder Dienstboten auf. John McCarty hingegen bezeichnet den historischen Capone als „gangland's first equal-opportunity employer by opening up his organization to Irish, Jewish, Polish, black, and other ethnic gang members" (McCarty 1993, 62).

[417] Bilbo 1932a, 41.

zeichnen sich seine Figuren vor allem durch bestimmte ethnische Merkmale aus.

> Die Männer sahen alle nach etwas aus. Sie waren alle wie Durchschnittsamerikaner gekleidet, aber man hätte keinen von ihnen mit dem anderen verwechseln können. [...] Lauter Erscheinungen, die man nicht vergißt, wenn man sie einmal gesehen hat. Männer der verschiedensten weißen Rassen.[418]

Zum Figurenrepertoire gehören Typen wie Gorilla-Smith, „ein großer, knochiger Angelsachse mit riesigen Händen und Füßen",[419] Alphonse, der frankokanadische Gentlemankiller,[420] und O'Connor (Conny), „[d]as Gesicht ausgemergelt, stark hervortretende Backenknochen, ein außerordentlich energisches Kinn."[421] Über den „Boß", Al Capone, schreibt Bilbo:

> [E]r hat etwas außerordentlich Wildes in seinem fleischigen Gesicht, aber nicht an einen Gorilla wird man erinnert, eher schon an eine prächtige Wildkatze. [...] Italienischer Typ, aber kein ganz reiner.[422]

Aufgrund seiner (stereotypischen) Migrantenherkunft war der Gangster im amerikanischen Zeitdiskurs grundsätzlich eine ethnische Figur. „Prominently featuring Italians, Irish, and Jews, the invented underworld offered guidance to urban Americans of all sorts as they negotiated the shifting ethnic terrain of their diverse society."[423] Obwohl Bilbos Figurencharakterisierung diesen Diskurs reflektiert, wird das Attribut der Ethnizität im Roman unproblematisch verwendet.[424] Es fungiert als „a matter of style",[425] dessen

---

[418] Bilbo 1932a, 37f.
[419] Bilbo 1932a, 38.
[420] Bilbo 1932a, 39.
[421] Bilbo 1932a, 36.
[422] Bilbo 1932a, 71f.
[423] Ruth 1996, 73.
[424] Der Roman betont wiederholt, dass der Gangster ein spezifisch amerikanisches (und damit potenziell exotisches) Phänomen ist. Gleichzeitig schafft er für seine intendierte deutsche bzw. europäische Leserschaft einen wichtigen Bezugspunkt, indem er die europäischen Ethnien der Hauptfiguren akzentuiert und damit eine Identifikation möglich macht.
[425] Diese Formulierung findet sich in Ruths Auseinandersetzung mit dem Grad von Ethnizität in der populärkulturellen Gangsterdarstellung zwischen 1918 und 1934: „Despite the continuation of the long-standing cultural association of ethnic otherness with criminality, the [gangster]

Nutzen im Kontext der amerikanischen Gesellschaft verhandelbar ist. Dementsprechend lässt Bilbo den Frankokanadier Alphonse lehrhaft deklamieren:

> Ihr seid ja eine recht bunte Truppe, ihr Irländer, Engländer, Levantiner, Mexikaner und Deutsche [sic]; aber gerade weil ihr aus aller Herren Länder kommt, laßt ihr euch von den Amerikanern an der Nase führen. Das ist an sich gar nicht so übel, wir sind ja in Amerika und wollen die amerikanische Gesellschaft mit ihrer eigenen Waffe schlagen, mit Amerikanismus, mit System, mit efficiency (Leistungsfähigkeit) und service (Dienst am Kunden).[426]

Amerikanismus als Geschäftsstrategie ist bei Bilbo eng an die Figur Al Capones gebunden. Abgesehen von einigen Namen, die am Rande erwähnt werden, ist Capone die einzige historische Gangsterfigur, die in Bilbos Buch in prominenter Rolle auftritt. Diese Entscheidung lässt sich darauf zurückführen, dass Capone seit Ende der 1920er sowohl in den USA als auch Europa eine ungeheure Medienpräsenz genoss. Er stellte daher eine auch mit Blick auf ihren Marktwert verlässliche populärkulturelle Bezugsgröße dar, die zum Zeitpunkt der Veröffentlichung von Bilbos Roman bereits fest im kollektiven Imaginären verankert war.[427]

> In the realm of popular culture, he [Capone] became the eternal Other. In the United States, Capone's alien nature was often thought to derive from his Italian immigrant origins. [...] But in Europe, Capone became a distinctively *American* phenomenon, the culmination of democracy's tendency to spawn a demotic, gangster culture. Capone was amongst the most readily identifiable of all Americans, the gangster who ruled Chicago, that quintessentially American city. Despite their diversity, all these representations of

---

> genre usually permitted a relatively tolerant assessment of the ethnic minorities it spotlighted. [...] Instead, ethnicity was treated primarily as a matter of style. As the gangster rose in crime and society he came into his own as a consumer and usually shed the obvious markers of his ethnicity" (Ruth 1996, 73).

[426] Bilbo 1932a, 162.

[427] Laurence Bergreen spricht in seinem Buch *Capone. The Man and the Era* von einem regelrechten Capone-Kult, der sich in unzähligen Veröffentlichungen, Hörspielen, Filmen und Comics niederschlug (siehe Bergreen 1995, 672ff.).

Capone shared one important element: they described a man who never was.[428]

Auch Bilbo nutzt die Figur, um eigene Vorstellungen zu projizieren. Er stilisiert Capone zu einer übermächtigen Vaterfigur,[429] die in seinem Text omnipräsent, aber trotz einiger Begegnungen nicht wirklich greifbar ist. Überwältigt fragt sich der Erzähler, „ob denn Al Capones Macht überhaupt Grenzen habe."[430] In seiner Phantomhaftigkeit repräsentiert Capone die Projektionsfläche für Phantasien von Konsum, Verführung und Angst, wie sie die Imagination der Moderne entwickelt hat: „Capone hat Amerika wieder das Trinken und das Gruseln gelehrt. Es müsste sich ihm zu Ehren Caponica nennen."[431] Die mythische Dimension der Figur und die kreative Leistung der Rezeption stellt auch Ruth heraus, wenn er von der Erfindung des „public enemy" spricht:

> Though Al Capone lived in the realm of flesh and blood, for most Americans he existed only as a cultural invention. [...] In inventing Al Capone, newsmen were capitalizing on their essential skill of explaining the big city to a fascinated public.[432]

Bei Bilbo ist diese „Erfindung" weniger auf die Erklärung des Urbanen ausgerichtet; er widmet sich vielmehr dem Versuch, am Beispiel des Gangsterlebens das Phänomen des Amerikanischen für eine europäische Leserschaft erfahrbar zu machen. Im Vordergrund stehen nicht Jazz, Konsumerfahrung und Großstadtdschungel wie bei Watkins, Kálmán oder Wallace, sondern die neuen Organisationsformen und -instrumente des kapitalistischen Systems,[433]

---

[428] Bergreen 1995, 675. Hervorhebung im Original.
[429] Siehe Bilbo 1932a, 135.
[430] Bilbo 1932a, 141.
[431] Bilbo 1932a, 66.
[432] Ruth 1996, 119. Im April 1930 veröffentlichte die *Chicago Crime Commission* das erste Mal ihre berühmte *Public Enemies*-Liste, die die Namen der wichtigsten in Chicago ansässigen Kriminellen präsentierte (siehe Bergreen 1995, 460ff.). Ausgehend davon wurde Capone landesweit in den Medien zum „Public Enemy No. 1" ernannt (siehe Ruth 1996, 2).
[433] Ruth beschreibt die Kausalität von progressiven Geschäftstechniken und Erfolg als mythische Kategorie:„[T]he Chicago mythologists suggested that business success depended almost as much on a particular personal style as on the use of modern corporate methods" (Ruth 1996, 126).

dessen Negativ die Gangsterindustrie darstellt.[434] „Zum Wesen und zur Ideologie des Gangstertums gehört es, daß der Kern der Unternehmungen nicht das Gewaltverbrechen ist, sondern der Handel (wenn auch mit verbotenen Waren) und die Dienstleistung",[435] schreibt diesbezüglich Georg Seeßlen. In einer Szene am Anfang des Buches lässt Bilbo den Gangster Bill den Begriff der „efficiency" im Kontext der eigenen Unternehmung erklären:

> ‚Was verstehst du unter efficiency?' erkundigte ich mich.
> ‚Na, was alle Welt darunter versteht: das Praktische, die Leistungsfähigkeit, den Nutzeffekt. Die großen Trusts haben es mit der efficiency, das Handelsamt in Washington kennt auch nichts Höheres, da können wir selbstverständlich nicht zurückbleiben. Ich wette, wir werden bald standardisierte... Na, du wirst schon früh genug erfahren, was los ist. Viel Spaß!'[436]

„Rationalisierung"[437], „Rechtsnachfolge"[438], „Trust"[439] und „Monopol"[440] sind weitere der aus der Wirtschaftsterminologie entliehenen Begriffe,[441] mit denen Bilbo sein „Gangster-Chicago" inszeniert, das als Stadt an sich gesichtslos bleibt. Ausgehend vom Primat des Ökonomischen korrespondiert Bilbos Narration mit d'Eramos Überlegungen zum fundamental kapitalistischen Wesen Chicagos.[442]

---

[434] „Zum Wesen und zur Ideologie des Gangstertums gehört es, daß der Kern der Unternehmungen nicht das Gewaltverbrechen ist, sondern der Handel (wenn auch mit verbotenen Waren) und die Dienstleistung" (Seeßlen 1977, 76).

[435] Seeßlen 1977, 76.

[436] Bilbo 1932a, 30.

[437] Bilbo 1932a, 30.

[438] Bilbo 1932a, 141.

[439] Bilbo 1932a, 141.

[440] Bilbo 1932a, 142.

[441] Diese Form der Wirtschaftsrhetorik hat Bilbo, der sich selbst in seinen Büchern immer wieder mit marxistischen Ideen assoziiert, relativ unreflektiert aus dem zeitgenössischen Diskurs übernommen. Sie findet sich beispielsweise auch in den *Pulp Magazines* (siehe Kapitel 2.2. dieser Arbeit). David E. Ruth widmet dem „Criminal Businessman" ein ganzes Kapitel, in dem er der populären Analogie von Geschäft und Verbrechen nachgeht (siehe Ruth 1996, 37-62).

[442] Siehe Seite 90f. dieser Arbeit. Bilbos Vorstellung von Capones Syndikat ist allerdings von einer gewissen naiven Begeisterung für rationalisierte Organisationsstrukturen geprägt. Dies zeigen beispielsweise seine

Abb. 38: Jack Bilbo in der französischen *Vu*

Bilbos Versuch, seinen Text quasi (wirtschafts-)wissenschaftlich zu formulieren, ist Teil seiner Präsentationsstrategie. Statt Dämonisierung stellt er betonte Sachlichkeit in den Mittelpunkt. Gleichzeitig inszeniert er sich selbst als Referenzgröße – Bilbo ist Hauptfigur, Erzähler und Autor in Personalunion. Indem er in dieser Funktion in den 1930er Jahren auch in die Öffentlichkeit tritt bzw. in ihr *auftritt*, kreiert er dazu die Medienfigur Jack Bilbo, die zunächst die Bucherzählung legitimiert (und durch diese legitimiert wird), dann aber ein Eigenleben entwickelt – in Interviews mit deutschen und ausländischen Zeitungen gibt Bilbo den Gangster (Abb. 38) und wird zum beliebten Objekt der Gesellschaftspresse.[443] Indem er als „Sachverständiger" des Mythos auftritt, mythologisiert er sich selbst.

Beschreibungen von Capones Bestechungssystem auf regionaler und kommunaler Ebene (siehe Bilbo 1932a 25ff. und 74ff.).

[443] Einige der Interviews sind in seiner 1948er Biographie belegt (siehe S. 26). Noch Jahre nach der Erstveröffentlichung von *Ein Mensch wird Verbrecher* wurde Bilbo/Baruch ausschließlich über seine Gangsterpersona definiert. Er beschreibt verschiedene diesbezügliche Szenen in seinen beiden Biographien.

Die Kunstfigur Bilbo war dabei schlussendlich auch für den Autor selbst nicht mehr von der eigenen historischen Person Bilbo/ Baruch zu trennen. Seine deutsche Autobiographie *Käpt'n Bilbo. Ein Leben für das Abenteuer*, die 1963 veröffentlicht wurde,[444] enthält *Ein Mensch wird Verbrecher* zunächst unkommentiert und unverändert als Lebensepisode. Erst später im Text deutet „Al Capones Märchenerzähler", wie ihn Hein Mück 1932 in der *Weltbühne* bezeichnet hat,[445] den zweifelhaften Wahrheitsgehalt seiner Darstellung an,[446] ohne jedoch die Fiktion endgültig aufzulösen.

Abb. 39: Man of Mystery

Dagegen hatte Bilbo in seinen 1948 auf Englisch erschienenen Memoiren *Jack Bilbo. An Autobiography* bereits klar Stellung zu seinem früheren Werk bezogen:

> Although I had been to many parts of the U.S.A., I had never been to Chicago and, of course, I never met Al Capone. [...] Of course I never was Al Capone's bodyguard. When I started writing that book [...] I was seventeen years old, and I don't think Al Capone would have wanted a bodyguard of seventeen. What I really wanted to be was a writer, but all my books, sent to publishers under different names were returned. Now with a nice juicy murder on every page,

---

444 In diesem Buch bietet Bilbo ein Panoptikum von Figuren der Zeitgeschichte, die er in wahrscheinlichen und unwahrscheinlichen Begegnungen mit seiner persönlichen Vita verknüpft.

445 Mück 1932, 908.

446 Siehe Bilbo 1965, 156.

fifteen publishers in fifteen different countries rushed in to get their filthy hands on it.[447]

Bilbos Roman war ein Produkt des Mythos, den er gleichzeitig bestätigte und weiterschrieb.[448] Das Chicago Capones, das er selbst nur als mythische Vorstellung kannte, war seine Verkaufsstrategie. Der Erfolg von Bilbos Dokufiktion in den 1930er Jahren war dabei einerseits eng an die konsequente Inszenierung der eigenen Person (Abb. 39) gekoppelt[449] und basierte andererseits explizit auf dem narrativen Marktwert, den das Chicago der Prohibition zu diesem Zeitpunkt besaß. Bilbos kreative Leistung war daher nicht der Entwurf einer neuen oder alternativen Ortsimagination, sondern bestand darin, sich selbst als Chicago-Figur erfunden zu haben.

3.5. Chicago Redux

Am 24. März 1930 widmete das *Time Magazine* Al Capone die Titelseite. Neunzehn Monate später, am 24. Oktober 1931, wurde der prominenteste Prohibitionsgangster Amerikas in Chicago zu einer Freiheitsstrafe von elf Jahren wegen Steuerhinterziehung verurteilt.[450] Während der historische Capone hinter Gittern verschwand,

---

[447] Bilbo 1948, 135f.

[448] Dabei sah sich Jack Bilbo im Besonderen als Vordenker des amerikanischen Gangsterfilms. Der englischen Ausgabe seines Buchs hatte er die selbstbewusste Behauptung vorangestellt: „Before my book came out, there were no authentic gangster films; they are all based on the knowledge of gangdom obtained from [it]" (Bilbo 1948, 137). Allerdings erschienen Bilbos Aufzeichnungen erst 1932, zu einem Zeitpunkt, als sich die wichtigsten Filme des Genres bereits in Zirkulation befanden oder zumindest fertiggestellt waren. Wenn es also eine Korrelation zwischen Bilbos Roman und den Darstellungen des amerikanischen Gangsterfilms gegeben hat, so hat sich diese Beeinflussung vermutlich eher umgekehrt vollzogen.

[449] Diese Argumentationslinie verweist auf einen der möglichen Gründe, warum der Roman in der zweiten Hälfte des 20. Jahrhunderts fast völlig in Vergessenheit geriet – der Text funktionierte in seiner Zeit sehr stark über die Inszenierung des Autors in den Medien, die spätestens 1967 mit dem Tod von Bilbo/Baruch endete.

[450] Siehe Bergreen 1995, 616.

hatte sich seine Medienfigur bereits ein neues Betätigungsfeld „erobert":

> With Capone as the supreme model and dozens of less magnetic thugs filling out the picture, the gangster was stolen from the streets, the tabloids, and the courts and remade as a motion picture star.[451]

Abb. 40: Time 24.3.1930

Parallel zum Niedergang des realen Prohibitionskriminellen vollzog sich der Aufstieg seines bzw. seiner Alter Egos auf der Leinwand. „Der Gangsterkult der Depression fand im Kino seine ästhetische Vermittlung und erlangte mythische Dimension."[452] Am Ende der 1920er und zu Beginn der 1930er Jahre fungierte Al Capone daher als erfolgreichstes „Exportprodukt" Chicagos – sowohl in Richtung Hollywood als auch über den Atlantik nach Europa[453]:

---

[451] Doherty 1999, 139.

[452] Müller 1997, 138.

[453] Neben Hitler bildete Capone das zentrale Vorbild für Bertolt Brechts Arturo Ui-Figur. *Der aufhaltsame Aufstieg des Arturo Ui* spielt dementsprechend in Chicago (bzw. dem Vorort Cicero), das Brecht zum Zeitpunkt der Stückentwicklung nur aus Filmen, Büchern und Zeitungs-

> In addition to providing the gangster genre with its archetype, the Capone legend consolidated the position of Chicago at the geographic center of the underworld.[454]

Die Gangsterfilme der „klassischen Periode" zwischen 1930-1932[455] – allen voran die kanonische Hollywood-Trias von *Little Caesar* (1930), *Public Enemy* (1931) und *Scarface* (1932) – benutzten Chicago mehr oder weniger offensichtlich als Schauplatz bzw. Ortsreferenz. Eng an die Erfindung des Tonfilms gekoppelt[456] entwarfen diese Filme multisensorische Topographien der Stadt, die bereits Elemente des *film noir* vorwegnahmen und essenziell über eine bestimmte Geräuschkulisse funktionierten. Die Akustik des Urbanen bekam in diesen Filmen eine eigene charakteristische Tonspur: quietschende Reifen, Maschinengewehrfeuer und ethnische Jargons.[457] In ihrem zeitdokumentarischen Realismus waren die Gangsterfilme der frühen 1930er Jahre das Genre des Unmittelbaren – „thirties movies about gangdom played in the present tense, with journalistic crispness and immediacy."[458]

Beinahe in Echtzeit vollzog sich diese Auseinandersetzung mit dem Phänomen der Metropole als symbolhaftem Ort der Moderne. Unter

---

berichten, also ausschließlich in seiner mythischen Form kannte (siehe Thiele 1990, 11).

[454] Ruth 1996, 120.

[455] Diese Zeitbestimmung entspricht dem geläufigen Konsens in der Filmgeschichtsschreibung (siehe beispielsweise Maltby 1993, 114 oder Shadoian 2003, 29). Gangsterfilme waren etwa seit 1927 als eigenständiges Genre im Hollywood-Kino vertreten und erlebten ihre erste Blütezeit mit der Ankunft des Tonfilms. Von Beginn an stand das Genre unter strenger Beobachtung der Zensurbehörden wegen des Generalverdachts der Glorifizierung von Verbrechern und Amoralisierung der Jugend. Immer wieder wurden einzelne Filme lokal verboten oder nur unter der Auflage von „Nachbesserungen" zur Veröffentlichung freigeben. Im Herbst 1932 einigte sich die *Association of Motion Picture Producers* auf die freiwillige Verpflichtung, keine Gangster-Filme mehr zu produzieren, bevor schließlich 1934 die *Production Code Administration* (PCA) installiert wurde (siehe Maltby 1993, 116). Als Durchführungsorgan einer neuen effektiven Selbstzensur Hollywoods besiegelte die PCA das (vorläufige) Ende des Gangster-Films (siehe Doherty 156f.).

[456] Siehe Doherty 1999, 146 und Munby 1999, 34.

[457] Eine ausführliche Diskussion zu Ethnizität im Gangsterfilm findet sich bei Munby 1999, 39-65.

[458] Hirsch 1997, 340.

dieser Prämisse waren die klassischen Gangsterfilme immer auch Stadtfilme. Wie Robert Warshaw bereits 1948 in seinem wegweisenden Essay „The Gangster as Tragic Hero" feststellte:

> The gangster is the man of the city, with the city's language and knowledge, [...] for the gangster there is only the city; he must inhabit it in order to personify it: not the real city, but that dangerous and sad city of imagination which is so much more important, which is the modern world. [...] The real city, one might say, produces only criminals; the imaginary city produces the gangster [...].[459]

Die wechselseitige Reproduktion impliziert eine symbiotische Beziehung von imaginierter Stadtlandschaft und Gangsterfigur. Die Stadt war der zentrale Referenzpunkt für die Verortung des Gangsters in einem Milieu und einer urbanen Biographie.

Deterministisch stilisierten die Gangsterfilme der frühen 1930er ihre Charaktere zu Galionsfiguren der Depressionszeit. Gleichzeitig wurde die Stadt in ihrer Dynamik der *Roaring Twenties* beschworen, um diese als Illusion zu entlarven.

> The city is the broadest icon of the gangster film, and it is a death trap [...]. It is the seat of large-scale crime and violent death. Moral choice is an illusion because the city is a prison.[460]

Entscheidender als die fatalistische Allegorie des Unentrinnbaren ist in dieser Aussage des Filmhistorikers Jack Shadoian die Konstatierung der „Bildwerdung" der Stadt im Gangsterfilm. Das Chicago, auf das sich Filme wie *Road to Perdition* und *Chicago* beziehen, wird in den 1930er Jahren als Kinobild geschaffen und im visuellen Repertoire des kollektiven Imaginären verankert: „The flurry of the early thirties gangster films laid down the bases for future developments. They established a milieu and an iconography."[461]

1933 wurde das 18. Amendment der amerikanischen Verfassung durch das 21. ersetzt und die Prohibition war beendet. Mit ihr verschwand auch der Gangsterfilm in seiner klassischen Form, die Faszination von Thematik und Ästhetik allerdings überlebte in Kriminal- und zeithistorischen Filmen späterer Epochen. 1957 wurde in den USA ein Buch veröffentlicht, in dem ein unbekannter

---

[459] Warshaw 1972, 82.
[460] Shadoian 2003, 7.
[461] Shadoian 2003, 32.

ehemaliger Bundesbeamter namens Eliot Ness in Zusammenarbeit mit dem Journalisten Oscar Fraley seine Erlebnisse als Ermittler gegen Al Capones illegalen Alkoholhandel zwischen 1929 und 1931 schilderte: „*The Untouchables* shot onto the best-seller list and transformed the obscure former Prohibition agent into the most famous American lawman since Wyatt Earp."[462] Neben dem Buch war es jedoch vor allem das neue Massenmedium Fernsehen, das Ness' Heldenstatus im nationalen Bewusstsein etablierte und das Chicago der Prohibition wieder zur Haushaltsware machte.[463] 1959 wurde *The Untouchables* zunächst als zweiteiliger Fernsehfilm mit Robert Stack als Eliot Ness gesendet. Der unmittelbare Erfolg bedingte einerseits die Kinoveröffentlichung des Films unter dem Titel *The Scarface Mob*, andererseits regte es Überlegungen hinsichtlich einer möglichen Weiterverwertung des Materials im Fernsehen an. Noch im selben Jahr begann die Ausstrahlung der Fernsehserie, die zum Großteil mit Schauspielern aus dem Film besetzt war, um Kohärenz zu gewährleisten. Trotz guter Einschaltquoten war die Serie ein ständiges „Problemkind" ihrer Macher. „The series was controversial from the beginning – not just for its violence, heavy-duty for television back then, but for its ethnicity."[464] Dieser Umstand bezog sich besonders auf die italienische Etikettierung der meisten Gangsterfiguren. Ethnizität musste in den vier Jahren Seriengeschichte unter dem Druck der öffentlichen Meinung fast permanent neu verhandelt werden. „By the final season, virtually all ethnic groups were well represented, including the Russians, in the form a Slavic hood with the improbable name of Joe Vodka."[465] Als die Serie 1963 eingestellt wurde, war Eliot Ness eine arrivierte Heldenfigur und hatte dabei auch seinem „Erzfeind" Al Capone zu einer Reanimation seiner Filmkarriere verholfen.[466]

„Der Mythos, durch die Gewalt der Geschichte aus dem Realen verjagt, findet Zuflucht im Kino",[467] schreibt Jean Baudrillard. In diesem Sinne hat das Chicago der Prohibitionszeit immer wieder als

---

[462] McCarty 1993, 73. Ness starb wenige Monate vor der Veröffentlichung des Buches.

[463] Für eine ausführliche Darstellung der medienübergreifenden Stoffgeschichte von *The Untouchables* siehe Tucker 2000.

[464] McCarty 1993, 74.

[465] McCarty 1993, 74.

[466] Siehe McCarty 1993, 77.

[467] Baudrillard zit. in: Lehmann 1983, 588.

Fixpunkt filmischer Imagination gedient. „Nachdem die Orte in der Welt verloren gehen, ziehen sie sich in Bilder zurück, die ihnen noch einmal einen alternativen Status als Ort geben."[468] Zwischen moderner Baukunst und klassizistischer *White City*-Architektur, dem Fotojournalismus der *Pulp Magazines* und der Bildkompositionen der klassischen Gangsterfilme hat sich die *Imageability*[469] der Stadt nicht zuletzt im und durch das Kino zu einer hybriden „Trademark" entwickelt, die im euro-amerikanischen Bildkanon als modulierbare Referenz zur Verfügung steht.[470]

Die bereits besprochenen Filme *Road to Perdition* und *Chicago* nutzen Versatzstücke dieser *Imageability* zitathaft, um die Stadt in ihrem Mythos zu evozieren. Dagegen lässt sich einer der bekanntesten *Period Films* der 1980er, Brian De Palmas *The Untouchables* (1987), als Versuch lesen, die mythische Bildwerdung an sich zu rekapitulieren. In Geschichte und Figurendarstellung[471] bezieht sich der Kinofilm auf den 1959er Fernsehfilm und die Serie.[472] Trotzdem ist De Palmas Werk kein simples Remake.

> Taking their cue from the TV series, and topping it many times over, De Palma and [screenwriter David] Mamet turned the dramatic, if unspectacular, saga of Eliot Ness and

---

[468] Belting 2001, 61.

[469] Zum Begriff der *Imageablity* siehe Seite 43 dieser Arbeit.

[470] Auffällig ist dabei, dass Chicago immer wieder als stark „gegenderte" Stadt dargestellt wurde: „Whether it be Sandburg's image of the city of 'the big shoulders' or the association with 1920s gangsters, Chicago is typically portrayed as brash, violent, and most of all, masculine. This is an image that has been alternately resisted and cultivated" (Dubin 1992, 31). Es ist daher nicht überraschend, dass Filme wie *Road to Perdition* oder *The Untouchables*, aber auch Jack Bilbos Abenteuerfantasien ohne weibliche Protagonisten auskommen. Die selbstbewussten Frauenfiguren in *Chicago* oder *Die Herzogin von Chicago* wiederum wirken potenziell gefährlich (Velma, Roxie) bzw. ordnungsgefährdend (Mary) und treten als sexuell, kulturell und finanziell aggressive Akteure auf. Die Figuren, die Chicago im kollektiven Imaginären „vertreten" (Gangster, Kapitalist/in, Flapper, Femme fatale), erscheinen als monströse Auswüchse der Großstadt.

[471] Vor allem Kevin Costners Eliot Ness wirkt wie ein Replikat von Robert Stacks 1959er Darstellung.

[472] Anfang der 1990er Jahre kehrte die Geschichte auch ins amerikanische Fernsehen zurück – u.a. als Fernsehfilm (*The Return of Eliot Ness*, 1990) und neue Serie (*The Untouchables*, 1993-94).

his Untouchables into an epic historical cartoon drenched in blood.[473]

Epik und Historisierung sind die zentralen Elemente in De Palmas Inszenierung. Dabei stellt er seinen Film von Anfang an in die Tradition von zwei großen Genres des klassischen Hollywoodfilms: das des Gangsterfilms und das des Westerns. Zwischen diesen beiden Polen oszillieren Narration und Visualität des Films.[474] De Palma entwirft eine filmische Topographie, die die mythischen Landschaften beider Genres kombiniert. Bedenkenlos lässt De Palma seine Protagonisten für eine Erzähleinheit von Chicago an die kanadische Grenze fliegen, wo sie Alkoholschmuggler und die Weite der Landschaft erwarten. In der ersten Einstellung der Sequenz fährt die Kamera über eine menschenleere Gebirgslandschaft, bevor sie – begleitet von einem Crescendo auf der Tonspur – auf einen Hügel schwenkt, auf dem eine Reiterschar steht: Es handelt sich um Ness (Kevin Costner) und seine Mannschaft zusammen mit einer Gruppe kanadischer Grenzsoldaten. In einer klassischen Westerneinstellung sieht man sie von der Höhe auf das Tal herunterblicken. Schließlich warten die Gesetzeshüter in einer einsamen Blockhütte auf die Ankunft der Gangster. Als die Schmuggler mit ihren Automobilen und Lastwagen eintreffen, preschen sie auf ihren Pferden wie Cowboys über die Ebene und überwältigen die Bande im entsprechenden „Showdown". Von der Grenzlandschaft schneidet De Palma direkt in Capones (Robert De Niro) Büro, das in seiner roten Barockhaftigkeit in starkem Kontrast zum Naturalismus der vorherigen Landschaftsaufnahmen steht. Chicago, so suggeriert die Gegenüberstellung, ist Capones Welt

---

[473] McCarty 1993, 76. Wo sich der Fernsehfilm stark an die Buchvorlage hält, straffen De Palma und Mamet die Handlung, entwerfen neue Figuren und verringern die Größe von Ness' Truppe auf vier, von denen zwei auf dramatische Weise zu Tode kommen. Außerdem ist Ness (Kevin Costner) kein Prohibitionsbeamter der Justizbehörde, sondern ein „T(reasury)-Man" – er wird als Spezialbeamter des Finanzministeriums nach Chicago entsandt. Seine Mannschaft besteht aus Malone (Sean Connery), einem erfahrenen Streifenpolizisten, der ihm als väterlicher Berater zur Seite steht, Wallace (Charles Martin Smith), einem Finanzexperten aus Washington und Stone (Andy Garcia), einem jungen Polizeirekruten und Scharfschützen, der unter angenommen Namen lebt, um seine italoamerikanische Herkunft zu verschleiern.

[474] Auch Ennio Morricone, vor allem bekannt durch seine Filmmusiken für amerikanische und italienische Western, kombiniert für den Soundtrack Musikmotive aus beiden Genres.

voller Dekor, Prunk und opernhafter Gewalt, in die der biedere Ness als Außenseiter kommt und deren Code er erst erlernen muss.

Ausgehend davon werden in De Palmas Film Fragen der Lesbarkeit verhandelt, wenn beispielsweise das Team der „Unbestechlichen" seine erste gemeinsame Razzia durchführen soll. Die Kamera schwenkt aus der Aufsicht nach unten, wo Ness und seine Begleiter eine der großen Geschäftsstraßen im Zentrum Chicagos überqueren. Der Bildausschnitt zeigt sie zu allen Seiten von imposanten Gebäuden eingeschlossen, der Himmel ist nicht zu sehen und selbst die Straßenflucht ist von einem Bauwerk „versperrt" (Abb. 41).[475] Malone führt die Truppe zum monumentalen Hauptpostamt. Sichtlich unbehaglich hält Ness sein Gewehr und fragt gereizt: „What are we doing *here*?"[476] – „Liquor Raid", antwortet Malone. Ness und Wallace schauen sich irritiert um (Abb. 42), nur

Abb. 41: Im Zentrum

Abb. 42: Im Dienst

---

[475] Als narrative Klammer wiederholt die letzte Szene des Films diese Straßeneinstellung. Nach dem Abschied von Stone tritt Ness auf die Straße, es folgt ein kurzer Wortwechsel mit einem Reporter, bevor Ness in Richtung Bildhintergrund losläuft. Die Kamerabewegung verläuft gegenläufig zur Anfangsszene. Diesmal geht sie aus der Normalperspektive in die Übersicht. Das Bild erscheint sepia eingefärbt. Eliot Ness und die Unbestechlichen sind, so suggerieren Kamera und Farbgebung, in diesem Moment bereits mythische Geschichte bzw. Teil einer nostalgischen Erinnerung.

[476] *The Untouchables* 1987. Transkription von der deutschen DVD-Ausgabe 2004.

Stone wirkt wenig beeindruckt.[477] Auf Ness' ungläubiges „*Here*?!" entgegnet Malone leicht ungeduldig: „Mr. Ness, everybody knows where the booze is. The problem isn't finding it. The problem is who wants to cross Capone. Let's go." Besitzt man das entsprechende Insiderwissen ist die Sichtbarmachung des Illegalen somit kein technisches Problem mehr, sondern eine politischen Frage.

Bei De Palma ist sie außerdem eine ästhetische. Mit Blick auf die Gangsterfilme der 1980er und 1990er schreibt Foster Hirsch: „The recent period films [...] are glazed with a retrospective romanticism, as if the past were a foreign country."[478] Diese pejorative Einschätzung greift zu kurz. Wechselweise haben die Kritiker De Palma antiquarischen Klassizismus vorgeworfen und ihn für seine opulente Visualisierung gelobt. Betrachtet man aber die auffällige Farbinszenierung,[479] das aufwendige Set Design, die pathosgeladene Musik und die detaillierte Bildkomposition nicht nur als Reproduktionsstrategie *des*, sondern als bewusste Auseinandersetzung *mit* dem Mythos, bietet sich noch eine andere Lesart. Statt den urbanen Mythos als bloße historische Kategorie auferstehen zu lassen, inszeniert De Palma Chicago als Stil bzw. *Style*. Auch Hal Hinson deutet diese Idee mit Blick auf das Gesamtoeuvre des Regisseurs an, wenn er schreibt: „With 'The Untouchables,' De Palma has definitely entered his mannerist period."[480] Bezeichnenderweise heißen De Palmas Kollaborateure für diesen Film neben David Mamet *Ennio Morricone* und *Giorgio Armani*.

Symptomatisch für De Palmas „stilorientierte" Inszenierungsstrategie ist der Umgang des Films mit dem Capone-Mythos. Obwohl in der Zahl der Auftritte nur eine Nebenfigur, ist Robert De Niros Capone (Abb. 43) der Schlüssel zu De Palmas Chicago-Imagination.[481] Das erste Bild des Films zeigt nicht Ness, sondern

---

[477] Wallace ist ebenso wie Ness ein Outsider, der als Finanzexperte aus Washington nach Chicago geschickt wurde, um Ness zu assistieren. Stone und Malone, die beiden einheimischen Polizisten in Ness' Team, sind vertraut mit den Gegebenheiten.

[478] Hirsch 1997, 340.

[479] De Palma arbeitet in *The Untouchables* überwiegend mit dem Kontrast von starken Rot- und Blautönen.

[480] Hinson 1987, ohne Seitenangabe.

[481] Bereits die Gestaltung des Filmplakats impliziert diese Lesart: eine schwarzweiße Porträtaufnahme von De Niro in „Capone-Pose" mit Fedora-Hut, Sonnenbrille und obligatorischer Zigarre nimmt zwei Drittel des Covers ein. Es „schwebt" über den in Farbe abgebildeten Figuren

Abb. 43: Robert De Niro als Capone

Capone bei einem Lokaltermin mit Journalisten, während dessen er auf einem Friseurstuhl in der Waagerechten liegt und sich barbieren lässt. De Palma inszeniert dieses Bild wie ein Gemälde. In einer senkrechten Aufsicht sind die Figuren, außer Capone, als Punktmuster auf rotem Grund arrangiert. Die Kamera verharrt eine halbe Minute „regungslos" auf diesem *Tableau vivant*, bevor sie sich der Szene annähert, um in der Halbnahen auf Capone anzukommen.[482]

> The virtuoso technique of the period films – their emphasis on texture and surface – works to convert the gangster into a mythic icon. In *The Untouchables*, for instance, Al Capone (played by Robert De Niro) is presented as a special guest star – the gangster as self-aware celebrity. [...] Emblematic of the way the gangster is 'framed' in the recent period films, *The Untouchables* turns the historical Capone into a not-so-living legend, a character the filmmakers presume the audience is already familiar with.[483]

---

        von Costner, Connery, Garcia und Smith, die bewaffnet vor einer angedeuteten schwarzweißen Chicago-Kulisse angeordnet sind.

[482] Auch diese Einstellung findet als Inversion eine Klammer am Schluss des Films – nachdem Ness Frank Nitti (Billy Drago), Malones Mörder, vom Dach gestoßen hat, zoomt die Kamera aus der Untersicht nach oben auf die Figur von Ness am Dachrand. Dann schneidet De Palma in eine senkrechte Aufsicht, die seine Perspektive auf Nittis Leiche und die Straße vor dem Gerichtsgebäude suggeriert. Statt dem Rot der Capone-Szene wird dieses Tableau mort allerdings von einem spartanischen Grau-Schwarz dominiert.

[483] Hirsch 1997, 341.

Ausgehend davon investiert De Niros Darstellung nicht in die Figurentwicklung, sondern präsentiert Capone als „Tatbestand", der ob seiner Verankerung im kollektiven Ideenrepertoire nicht erklärt werden muss. „Mythen antworten nicht auf Fragen, sie machen unbefragbar",[484] konstatiert Blumenberg und in diesem Sinne funktioniert De Niros Performance. „[He] comes onscreen with great dramatic and musical flourish, strikes an attitude, says a line",[485] beschreibt ein Kritiker seinen Auftritt im Film. De Niros Capone personifiziert idealtypisch De Palmas Stil-Gedanken. Er spielt Capone als ethnomythische Travestie.[486] Dabei gehen Rollengeschichte und Starpersona des Schauspielers auf die Figur über – der Mythos Capone verschmilzt mit dem Mythos De Niro.[487] Diese Fusion korrespondiert mit Joan Ramon Resinas Überlegungen zur Bedeutungsaufladung von Bildern:

> To Barthes' question, „how does meaning enter into the image?" we can reply without hesitation: by importing time, consciousness, and history into its formal patterns. And perhaps guilt as well, the weight of culturally accumulated violence. The image, in any case, is never univocal.[488]

De Palma vollzieht diesen „Import" sehr explizit. Sein Film entwirft den Mythos als Stil, indem er verschiedene Mythen kombiniert: Er zitiert die Genremythen von Western und Gangsterfilm,[489] den Stadtmythos von Chicago, den Zeitmythos der Prohibition, die Personenmythen von Capone, Ness und De Niro, aber auch den „Auteurmythos"[490] von De Palma selbst. Dabei stellt De Palmas

---

[484] Blumenberg 1979, 142.

[485] Ebert 1987, ohne Seitenangabe.

[486] Sehr treffend beschreibt ein amerikanischer Filmkritiker De Niros Capone in einer Szene als „crying ethnically at the opera" (Howe 1987, ohne Seitenangabe).

[487] In seiner Capone-Figur schwingen De Niros bekannte Gangsterdarstellungen aus Filmen wie *Mean Streets*, *The Godfather* oder *Once upon a Time in America* mit.

[488] Resina 2003c, 15.

[489] Eine deutliche filmhistorische Mythosreferenz beinhaltet auch die berühmte Treppensequenz in der Union Station von Chicago, die auf Sergej Eisensteins *Panzerkreuzer Potemkin* und somit auf einen Kinomythos in reinster Ausprägung verweist (siehe beispielsweise Weber 2003, 112 oder Yaquinto 1998, 157).

[490] Eine Auseinandersetzung mit De Palmas Status als Autorenfilmer ist an dieser Stelle nicht möglich. Siehe dazu zum Beispiel Hal Hinsons Re-

Mise-en-Scène von Beginn an klar, dass er das Mythische als Bindemittel für sein exorbitantes Arrangement audiovisueller Zeichen versteht. Der Film führt den so entworfenen Kinomythos[491] als Kategorie bzw. Konstruktion des Präsens vor.[492] Am Ende ironisiert er die eigene Perspektive. Das in Sepia getauchte Schlussbild präsentiert sich als nostalgische Reminiszenz, die die eigene Historisierung beschwört. In diesem Sinne zeigt The Untouchables, dass die kinematographische Mythen-Exegese selbst nichts anderes als mythisch sein kann.

3.6. Der bewegte Mythos

Nach Meinung von Roland Barthes entzieht der Mythos „dem Objekt, von dem er spricht, jede Geschichte. Die Geschichte verflüchtigt sich aus ihm."[493] Barthes versteht den Mythos unter dieser Prämisse als grundsätzlich parasitäre Struktur. Führt man seinen Gedanken allerdings in eine andere Richtung weiter, lässt sich ebenso argumentieren, dass der Mythos primär einen stimulierenden Charakter besitzt, weil er die Produktion von neuen Bedeutungsschichten anregt. Es gibt daher keine Erschöpfung des Gegenstands, weil der Mythos zeitunabhängig eine fast unbegrenzte narrative Variabilität ermöglicht, wie die unterschiedlichen Beispiele gezeigt haben. Die Bewegungen des Mythos entsprechen

---

zension (1987) in der Washington Post, die The Untouchables unter diesem Gesichtspunkt analysiert.

[491] Hans-Thies Lehmann unterscheidet zwischen Mythos im Kino und Kinomythos: „Als Mythos im Kino ist demnach die Schicht am Film zu bezeichnen, die nationale, gesellschaftliche, politische Mythen [...] ausgestaltet. So leistet der Film Hilfestellung bei der bildsamen Einprägung und affektiven Verankerung von Mythen, die ihre Existenz – der entscheidenden Unterstützung durch den Film zum Trotz – außerhalb des Kinos haben. Der *eigentliche Kinomythos* entsteht in dieser Ausgestaltung [...]. Wichtig ist nun, daß der Kinomythos aus der Verbindung der Fabelstrukturen mit einer recht genau umrissenen „Welt" oder besser: einem Raum besteht" (Lehmann 1983, 579. Hervorhebung im Original).

[492] De Niros Capone besitzt in dieser Hinsicht einen klaren Bezug zu den „Glamour-Pop"-Figuren der 1980er.

[493] Barthes 1964, 141.

daher einer permanenten Fort- und Neuschreibung in Raum und Zeit, bei der sich Ausgestaltung und Fokussierung ständig verändern und anpassen, so dass die verschiedenen Variationen des Mythos sich aufeinander beziehen und trotzdem unabhängig voneinander existieren können.

Die symbolische Form, die der Mythos darstellt,[494] ist dabei beliebig transponierbar. In ihrer Beweglichkeit ist sie nicht an ein Medium bzw. Ausgabeformat gebunden. Wichtig ist nur, dass die Geschichte, in der Synthese von „story" und „history",[495] als Idee weitergetragen wird, auch wenn sie bestimmte Inhalte verliert oder neue hinzugewinnt. Der von Barthes befürchtete Geschichtsverlust sagt daher mehr über das persönliche Geschichtsverständnis des Autors aus, als dass er die Essenz des Mythischen beschreibt. Unabhängig vom Medienformat funktioniert ein Mythos wie „Chicago" als Schlüsselreiz, der die Nutzbarmachung von Bildern und Ideen des kollektiven Imaginären organisiert und auf dessen Grundlage *viele* Geschichten möglich werden, die den Mythos in Bewegung halten und damit seine Existenz sichern.

---

[494] Siehe Cassirer 2003, 39.
[495] Siehe Marquard 2003, 223.

4. Masken des Mythos

Die Rekonstruktion des Mythos war immer schon ein Ereignis im Kopf.

Karl Heinz Bohrer

Dennoch ist es richtig, daß der Mythos sich unvereinbare Varianten in Fülle leistet, ohne je den Aggregatzustand des Widerspruchs, der Antinomie zu riskieren.

Hans Blumenberg

In jeder zeitgebundenen Wahrnehmung verändern sich die Bilder, auch wenn ihre Themen überzeitlich sind, qualitativ.

Hans Belting

Dagegen bleibt der Wert des Mythos als Mythos trotz der schlimmsten Übersetzung bestehen.

Claude Lévi-Strauss

Vorzeitig aus dem Gefängnis in Kalifornien entlassen zog Al Capone 1939 mit seiner Familie und einer fortgeschrittenen Syphilis nach Palm Island, einer kleinen Insel im Stadtgebiet von Miami, wo er 1947 im Alter von 48 Jahren starb.

> At home in bed, Al Capone died the dead of a family man, not a gangster. It was not the end that Americans, conditioned by over two decades of violent gangster movies, expected; nor was it the end law enforcement authorities wanted. The former preferred him to die in a hail of bullets, the latter in jail. Capone managed to outwit everyone and everything – with the exception of syphilis.[496]

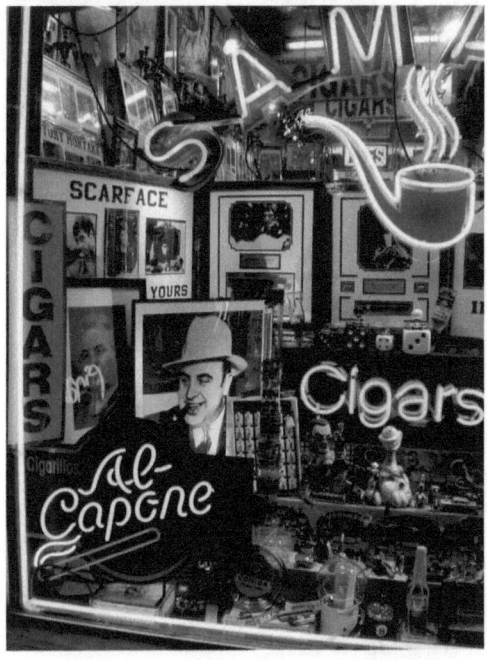

Abb. 44: Geschäft in South Beach

Zur Beerdigung wurde Capones Leiche von Miami nach Chicago überführt. Miami liegt 1916 km von Chicago entfernt. Statt der rauen Kontinentalsphäre des Mittleren Westens bietet die südlichste Großstadt der Vereinigten Staaten subtropisches Küstenklima mit karibischem Flair. Wenn man zum Schaufensterbummel nach South Beach, ins Vergnügungsviertel der Stadt kommt, findet man neben exklusiven Boutiquedekorationen und den üblichen touristischen Souvenirauslagen immer wieder eine bestimmte Sorte von Devotionalien, die Vitrinen und Ladenwände besetzt und unter dem Signum „Scarface" firmiert (Abb. 44).

1932 veröffentlichte Howard Hughes, der große Guerilla-Produzent des klassischen Hollywoodkinos, gegen den Widerstand verschiedenster Zensurinstanzen Howard Hawks' bahnbrechenden

---

[496] Bergreen 1995, 775.

Chicago-Gangsterfilm *Scarface*.⁴⁹⁷ Die Hauptfigur des Films Tony Camonte (Paul Muni), ein krimineller Parvenü mit einer auffälligen Gesichtsnarbe, war sehr deutlich an die Biographie Al Capones angelehnt.⁴⁹⁸ Aber nicht auf diesen Film bzw. diese Figur beziehen sich die Poster, T-Shirts, Kunstdrucke etc., die in South Beach fast omnipräsent die Geschäftsauslagen prägen. Ursprung des Bilderkultes ist ein Film, der unter dem gleichen Namen 50 Jahre nach Hawks' Opus in die amerikanischen Kinos kam und wegen seiner expliziten Gewaltdarstellung vergleichbare Kontroversen auslöste. Brian De Palmas *Scarface* begründete eine neue Ära der Gangsterimagination im amerikanischen Mainstream-Kino, weil an die Stelle der inzwischen arrivierten italoamerikanischen Gangsterfigur der Repräsentant einer wesentlich jüngeren Immigrantengruppe⁴⁹⁹ trat: Tony Montana (Al Pacino), ein mittelloser kubanischer Bootflüchtling, der 1980 nach Miami kommt, um

Abb. 45: Al Pacino als Tony Montana

---

⁴⁹⁷ Eine ausführliche Darstellung von Hughes' Kampf mit der Zensur findet sich bei Maltby 1993 und 2001.

⁴⁹⁸ „Scarface" war ein in der Presse kursierender Spitzname Al Capones, der sich auf die Narbe auf Capones linker Wange bezog, die sich der Gangster bei einem Messerkampf in seiner Jugend zugezogen hatte. Diese Narbe wurde gegen seinen Willen zu Capones „Trademark" in der öffentlichen Wahrnehmung und Mediendarstellung, auch wenn sie auf den meisten Fotografien kaum oder nicht zu erkennen ist. Siehe Bergreen 1995, 47 und 129.

⁴⁹⁹ Interessant ist im Vergleich der beiden Scarface-Filme auch die ethnische Besetzungsstrategie. In Hawks' 1932er Film spielte Paul Muni, ein jüdischer Schauspieler, der als Kleinkind aus Galizien in die USA kam, die Rolle des italoamerikanischen Gangsters Camonte. Im Sozialgefüge der Vereinigten Staaten gehörten die italienischen Immigranten in dieser Zeit noch zu den unterprivilegiertsten Gruppen überhaupt. 1983 gibt Al Pacino, einer der bekanntesten und einflußreichsten italoamerikanischen Schauspieler, den Latinogangster Montana. Beide Male spielt das Mitglied einer älteren bzw. besser situierten Minorität den Vertreter einer jüngeren bzw. ökonomisch und politisch benachteiligten Immigrantengruppe.

den amerikanischen Traum für sich zu verwirklichen.[500] Pacinos Montana wurde dabei von einem jungen urbanen Publikum, dessen Lebensrealität sich in den Ghettos der Großstädte abspielte, nicht als ein Vertreter der kubanischen *Community* in den USA verstanden, sondern als Stand-In für jene US-amerikanischen Minderheiten, die sich anders als die meisten euroethnischen Gruppen nach wie vor eklatanter Benachteiligung, Rassismus und Perspektivlosigkeit gegenüber sahen. „Scarface" wurde zum Idol für hispanische und afroamerikanische Jugendliche, die sich mit der Figur des Latinogangsters, der in einer Welt von Drogen und Gewalt nach seinem eigenen Moralcode lebt und stirbt, identifizierten und solidarisierten. „Niemand hat so sehr an Amerika geglaubt wie der Gangster", hat Georg Seeßlen formuliert.[501] Als Sinnbild einer alternativen Version des American Dream verkörperte Pacino in seiner Rolle eine bestimmte Lebenseinstellung,[502] die zwischen Hoffnung und Warnung eine starke Resonanz in den vom amerikanischen Mainstream ausgeschlossenen Gruppen auslöste.[503]

Der Mythos, schreibt Roland Barthes, ist *„eine gestohlene und zurückgegebene Aussage".*[504] Dabei verbirgt er „nichts und stellt nichts zur Schau. Er deformiert. Der Mythos ist weder eine Lüge noch ein Geständnis. Er ist eine Abwandlung."[505] Diese Abwandlung ist der zentrale Bezugspunkt von De Palmas Schaffen. Noch weniger als später *The Untouchables* war De Palmas *Scarface* ein konventionelles Remake. Von Hawks' Film übernahmen der Regisseur und sein Drehbuchautor Oliver Stone zwar Grundelemente der narrativen Struktur,[506] die wichtigsten Charaktere unter neuen Namen

---

[500] Der Film wurde mit dem Slogan „He Loved the American Dream... with a Vengeance" beworben.

[501] Seeßlen 1977, 20.

[502] Montanas Leitsatz, der an verschiedenen Stellen im Film auch visuell herausgestellt wird, lautet: „The world is mine, Chico, and everything in it." Scarface 1983. Transkription von der französischen DVD-Sonderausgabe 2004.

[503] Die DVD-Jubiläumsedition des Films enthält als Bonusmaterial die Dokumentation „Origins of a Hip Hop Classic", in der verschiedene Hip Hop- und Rap-Musiker zu Wort kommen, die von ihren Erfahrungen mit und ihrer Beeinflussung durch den Film berichten.

[504] Barthes 1964, 107. Hervorhebung des Autors.

[505] Barthes 1964, 112.

[506] Dazu schreibt Marilyn Yaquinto: „Scarface was another Oliver Stone script steeped in political intrigue and able to exploit knee-jerk excess of

und bestimmte Bildmotive, aber der zentrale Orts- und Zeitbezug des früheren Werks wurden komplett aufgelöst. Hawks' *Scarface* war explizit im Chicago seiner Zeit verortet, seine Gangster waren Italiener bzw. Italoamerikaner, der Plot orientierte sich an konkreten Figuren und Ereignissen aus dem Umfeld der Prohibitionskriminalität und der Chicagoer Bandenkriege der 1920er und -30er Jahre. De Palma annektierte diesen Kinomythos zunächst symbolisch, indem er seinem Film denselben Titel gab. Gleichzeitig transferierte er den Mythos in eine neue Umgebung, um seine Kompatibilität zu erproben. Testfeld konnte dabei kein Ort sein, der eine zu starke historische oder auch filmische Eigenbedeutung besaß wie etwa New York oder San Francisco. Stones Drehbuch projizierte den in Chicago „beheimateten" Mythos auf eine neue Fläche, die Anfang der 1980er exzessiv mit Bedeutung aufgeladen werden konnte: Miami. Dabei ging es weniger um eine kinematographische Positionsbestimmung von Südflorida als um eine zeitgemäße Neuausrichtung des Mythos.

„Brian DePalma's [sic] contemporary *Scarface* (1983) reconceives the historical Italian mobster as a ferocious Cuban immigrant played by Al Pacino in Latin drag",[507] schreibt der Filmhistoriker Foster Hirsch. Diese Idee des „drag" illustriert sehr passend die raumzeitliche Übertragungsarbeit, die der Film leistet. Das Chicago der 1930er wird im Miami der 1980er aktualisiert. Der Mythos vagabundiert in Raum und Zeit und legt sich dabei neue Masken zu. „Die Kreativität des Mythos [...] lässt in der labyrinthischen Labilität des Erzählens einer Subjektivierung Platz, die sich der Form und des Sinns, der Syntax und der Semantik bemächtigen kann."[508] In ihrer Transponierung entwerfen De Palma und Stone eine neue Vorstellungsarchitektur; sie reimaginieren und übersteigern die Bildwelten des Mythos. Basierend auf der „Fähigkeit der Selbstbeglaubigung

---

the era and the genre. Stone used a skeleton of the original Ben Hecht story and expanded it to indict the Reagan drug war. The film suggests that the war on drugs had much the same effect that Prohibition did in the 1920s: it help feed a rollicking black market getting rich off the enduring desire for banned substance. This time it's not alcohol but illicit drugs, which Americans continue to snort, smoke, and shoot up at record levels" (Yaquinto 1998, 149).

[507] Hirsch 1997, 339.
[508] Wunenberger 2003, 300.

des Mythos durch Anpassungsprozesse"[509] ist dieser Prozess jedoch mehr als eine „Verkleidung" der ursprünglichen Strukturen. Die Maske wird im Moment der Präsentation zu einem Gesicht des Mythos, denn der „Grundmythos ist nicht das Vorgegebene, sondern das am Ende sichtbar Bleibende, das den Rezeptionen und Erwartungen genügen konnte."[510]

In seinem Aufsatz „Die Raumfabrik - Mythos im Kino und Kinomythos", der im gleichen Jahr wie De Palmas Film veröffentlicht wurde, erklärt Hans-Thies Lehmann, dass der Mythos eine Ordnungsfunktion darstellt.[511] Unter dieser Prämisse funktioniert *Scarface*. Die Exzesse von Gewalt, Drogen und Konsum werden in der überbordenden Bildhaftigkeit von De Palmas Inszenierung durch den Mythos organisiert und als Narration zusammengehalten. Vier Jahre nach *Scarface* erfolgt die filmische Rückübertragung des Mythos nach Chicago durch den gleichen Regisseur. Mit *The Untouchables* erlebt der Mythos sein *Homecoming* und wird im selben Augenblick neu konfiguriert.[512]

„[D]er Wert des Mythos als Mythos [bleibt] trotz der schlimmsten Übersetzung bestehen,"[513] schreibt Lévi-Strauss. Jenseits einer wertenden Parteinahme bestätigt diese Aussage die Transformationsfähigkeit des Mythos. Obwohl der in dieser Arbeit untersuchte Mythos einen geographischen Referenzpunkt besitzt, ist er eine freibewegliche Variable, die sich dort niederlässt, wo sie Platz findet. So wie Jack Bilbo „[v]om Kurfürstendamm bis zu Al Capone"[514] reist, transzendiert das mythische Chicago immer wieder Raum- und Zeitgrenzen. „Der Ortsbegriff löst sich dabei vom physischen Standort ab [...]. Informationen und Erfahrungen werden von einem Ort zu jedem anderen Ort transportiert, bis das Hier und Jetzt in der Nivellierung verschwindet."[515]

Per definitionem hat der Mythos allerdings nie etwas anderes als einen virtuellen Raum beschrieben und besetzt. Er hat daher auch im Zeitalter des *Cyber Space* keine Anpassungsprobleme. Als

---

[509] Boehm 1983, 534.
[510] Blumenberg 1979, 192.
[511] Siehe Lehmann 1983, 574.
[512] Siehe dazu Kapitel 3.5. dieser Arbeit.
[513] Lévi-Strauss 2003, 63.
[514] Bilbo 1932a, 44.
[515] Belting 2001, 62.

Computerspiel[516] beweist er seine digitale Kompetenz und im Internet ist er eine beliebte Bezugsgröße.[517] Zur Selbsterhaltung muss der Mythos in Bewegung bleiben und seine Kreise immer wieder neu und weiter ziehen. Er lebt von der Multiplizität seiner Fassungen. Dabei gibt es, „keine ‚wahre' Fassung, im Verhältnis zu der alle anderen Kopien oder deformierte Echos wären. Alle Fassungen gehören zum Mythos."[518] Jeder Versuch einer Beschreibung seiner Kondition kann daher nur eine temporäre Aussage über die Befindlichkeit des Mythischen in einem bestimmten Raum-Zeit-Kontext sein. Der Mythos ist die Summe seiner Spielarten, die potenziell ins Unendliche gehen. Damit entzieht er sich einer finalen Bewertung, weil er im Moment der Beschreibung schon unter den nächsten Masken verschwunden ist. „Aber die Menschen sind mythenpflichtig,"[519] schreibt Odo Marquard. In diesem Sinne erfüllen Touristen, Kartographen, Stadtführer, Historiker, Autoren, Regisseure, Schauspieler, Musiker, Programmierer und auch die Verfasserin dieses Buches ihre „Pflicht", wenn sie in ihrer individuellen und kollektiven Auseinandersetzung das Wirken des Mythos bestätigen und so sein Überleben sichern, denn „der Mythos bleibt so lange Mythos, wie er als solcher gesehen wird."[520]

---

[516] Das in Deutschland entwickelte und 2003 veröffentlichte Strategiespiel Chicago 1930 ermöglicht es dem Spieler, sich in einer Raum-Zeit-Simulation wahlweise als Gangster oder Polizeibeamter durch das Chicago der Prohibitionszeit zu bewegen. Dabei gibt es neben „frei erfundenen" Räumen, auch Szenerien, die konkrete Orte nachbilden, wie etwa die legendäre Union Station, die in der graphischen Darstellung der Inszenierung von De Palmas The Untouchbles nachempfunden ist.

[517] Ein deutscher Zigarrenhersteller mit dem sprechenden Namen *Al Capone* hat seine Internetpräsentation im Chicago-Stil der 1930er „eingerichtet": www.alcapone.de.

[518] Lévi-Strauss 2003, 74.

[519] Marquard 2003, 229.

[520] Lévi-Strauss 2003, 71.

Anhang

1. Literaturverzeichnis

Abu-Lughod, Janet L. (1999): *New York, Chicago, Los Angeles. America's Global Cities.* Minneapolis, London.

Adam, Christine (2003): Keine leichte Wiedergeburt. In: *Neue Osnabrücker Zeitung.* 10.3.2003. <www.neue-oz.de/_archiv/noz_print/feuilleton /2003/03/kalman.html>.

Algren, Nelson (1951): *Chicago: City on the Make.* Garden City, New York.

Almog, Oz (2003a): *Kosher Nostra. Jüdische Gangster in Amerika 1890-1980.* [Ausstellungskatalog] Wien.

Almog, Oz (2003b): *Kosher Nostra. Tod in Amerika in Amerika 1890-1980.* [Ausstellungskatalog] Wien.

Ammann, Jean-Christophe (1983): Zur Utopie in mythischen Bildern. In: Bohrer, Karl Heinz (Hrsg.): *Mythos und Moderne.* Frankfurt am Main. (edition suhrkamp 1144.) 545-571.

Anderson, Benedict (1996): *Imagined Communities. Reflections on the Origin and Spread of Nationalism.* Erw. und überarb. Ausgabe. [orig.: 1983] London, New York.

Anonymus (1927): Chicago. In: *Chicago Daily Tribune.* 12.9.1927.

Anonymus (1932): Book Review: Carrying a Gun for Al Capone. In: *The Times Literary Supplement.* 7.4.1932.

Anonymus (1934): Ex-Gangster Complains of Publisher's Piracy. In: *The New York Times* 7.1.1943.

Anonymus (1993): Baruch, Hugo. In: Meissner, Guenter (Hrsg.): Saur Allgemeines Künstlerlexikon. Die bildenden Künste aller Zeiten und Völker. Band 7: Barbieri – Bayona. München, Leipzig.

Anonymus (2004): Gewalt in US-Städten: Chicago, die Killer-Metropole. In: *Spiegel Online.* 2.1.2004. <http://www.spiegel.de/reise/metro polen/0,1518,280222, 00.html>.

Assmann, Aleida und Assmann, Jan (1998): Mythos. In: Cancik, Hubert, Gladigow, Burkhard und Kohl, Karl-Heinz (Hrsg.): *Handbuch religionswissenschaftlicher Grundbegriffe. Band IV.* Stuttgart [et al.] 179-200.

Augé, Marc (1994): *Orte und Nicht-Orte. Vorüberlegungen zu einer Ethnologie der Einsamkeit.* Übers. von Michael Bischoff. [orig.: 1992] Frankfurt am Main.

Barber, Stephen (2002): *Projected Cities. Cinema and Urban Space.* London.

Barner, Wilfried, Detken, Anke und Wesche, Jörg (Hrsg.) (2003): *Texte zur modernen Mythentheorie.* Stuttgart.

Barnes, Trevor J. und Duncan, James S. (1992): Preface and Acknowledgements. In: Barnes, Trevor J. und Duncan, James S. (Hrsg.): *Writing Worlds. Discourse, Text and Metaphor in the Representation of Landscape.* London, New York. xii-xiii.

Barthes, Roland (1964): *Mythen des Alltags.* Übers. von Helmut Scheffel. [orig.: 1957] Frankfurt am Main. (edition suhrkamp 92.)

Barthes, Roland (1989): *Die helle Kammer. Bemerkung zur Photographie.* Übers. von Dietrich Leube. [orig.: 1980] Frankfurt am Main. (edition suhrkamp 1642.)

Behr, Edward (1997): *Prohibition. The 13 Years that Changed America.* London.

Belting, Hans (2001): *Bild-Anthropologie. Entwürfe für eine Bildwissenschaft.* München.

Benjamin, Walter (1989): *Gesammelte Schriften V.1: Das Passagenwerk.* Hrsg. von Rolf Tiedemann. Frankfurt am Main.

Bergreen, Laurence (1995): *Capone. The Man and the Era.* London.

Bhabha, Homi K. (1994): *The Location of Culture.* London.

Bilbo, Jack (1932a): *Ein Mensch wird Verbrecher. Die Aufzeichnungen des Leibgardisten von Al Capone.* Berlin.

Bilbo, Jack (1932b): *Chicago-Shanghai. Gangster in besonderer Verwendung.* Berlin.

Bilbo, Jack (1945): *Carrying a Gun for Al Capone.* [orig.: 1932] London.

Bilbo, Jack (1948): *Jack Bilbo. An Autobiography. The First Forty Years of the Complete and Intimate Life Story of an Artist, Author, Sculptor, Art Dealer, Philosopher, Traveller, and a Modernist Fighter for Humanity.* London.

Bilbo, Jack (1965): *Käpt'n Bilbo. Ein Leben für das Abenteuer.* [orig.: 1963] München.

Black, Gregory D. (1994): *Hollywood Censored. Morality Codes, Catholics, and the Movies.* Cambridge [et al.].

Blumenberg, Hans (1979): *Arbeit am Mythos.* Frankfurt am Main.

Boehm, Gottfried (1983): Mythos als bildnerischer Prozeß. In: Bohrer, Karl Heinz (Hrsg.): *Mythos und Moderne.* Frankfurt am Main. (edition suhrkamp 1144.) 528-544.

Bohrer, Karl Heinz (Hrsg.) (1983): *Mythos und Moderne*. Frankfurt am Main. (edition suhrkamp 1144.)

Bohrer, Karl Heinz (1983): Vorwort. In: Bohrer, Karl Heinz (Hrsg.): *Mythos und Moderne*. Frankfurt am Main. (edition suhrkamp 1144.) 9-11.

Born, Susanne L. (2000): *Chicago*. Köln. (DuMont Extra.)

Bourdieu, Pierre (1983): Ökonomisches Kapital, kulturelles Kapital, soziales Kapital. Übers. von Reinhard Kreckel. In: Kreckel, Reinhard (Hrsg.): *Soziale Ungleichheiten*. Göttingen. 183-198.

Boyer, M. Christine (1994): *The City of Collective Memory. Its Historical Imagery and Architectural Entertainments*. Cambridge, London.

Brammer, Julius, Grünwald, Alfred und Kálmán, Emmerich (1928): *Die Herzogin von Chicago. Operette in zwei Abteilungen*. [Liederbuch] Leipzig, Wien.

Brammer, Julius, Grünwald, Alfred und Kálmán, Emmerich (2004): *Die Herzogin von Chicago. Operette in zwei Abteilungen*. [Libretto] [orig.: 1928] Wiesbaden.

Braunger, Manfred (1998): *Chicago und die Grossen Seen*. Köln.

Brecht, Bertolt (1965): Der aufhaltsame Aufstieg des Arturo Ui. In: *Stücke aus dem Exil. Vierter Band*. Berlin.

Bruce-Roberts Inc. (1931): *Map of Chicago's Gangland from Authentic Sources*. [Karte] Chicago.

Burgess, Ernest W. (1967): The Growth of the City. An Introduction to a Research Project. In: Park, Robert E., Burgess, Ernest W. und McKenzie, Roderick D. (Hrsg.): *The City*. [orig.: 1925] Chicago, London.

Burns, Peter M. (2000): *An Introduction to Tourism and Anthropology*. London, New York.

Capetti, Carla (1993): *Writing Chicago. Modernism, Ethnography, and the Novel*. New York.

Carlson, Marvin (2003): *The Haunted Stage. The Theatre as a Memory Machine*. Ann Arbor.

Cassirer, Ernst (2003): Der Mythus des Staates. [orig.: 1946] In: Barner, Wilfried, Detken, Anke und Wesche, Jörg (Hrsg.): *Texte zur modernen Mythentheorie*. Stuttgart. 39-55.

Chicago Convention and Tourism Bureau (2003): Chicago Official Visitors Guide Fall/Winter 2003-2004. [Werbebroschüre] Chicago.

Chicago Transit Authority (2000): Downtown Transit Sightseeing Guide. [Karte] Chicago.

City of Chicago (2003): Chicago Landmarks Map. [Karte] Chicago.

Clarens, Carlos (1997): *Crime Movies. An Illustrated History of the Gangster Genre from D.W. Griffith to 'Pulp Fiction'*. Updated by Foster Hirsch. [orig.: 1980] New York.

Coleman, Simon und Crang, Mike (Hrsg.) (2002): *Tourism. Between Place and Performance*. New York, Oxford.

Collins, Charles (1951): She Shot her Man while the Music Played on but the Jury Voted 'Not Guilty' - a Typical Drama of the Reckless, Alcoholic Twenties. In: *The Chicago Tribune*. 30.12.1951.

Conley, Tom (2003): The City Vanishes. In: Resina, Joan Ramon und Ingenschay, Dieter (Hrsg.): *After-Images of the City*. Ithaca, London. 209-223.

Coupe, Laurence (1997): *Myth*. London, New York. (The New Critical Idiom.)

Cronon, William (1991): *Nature's Metropolis. Chicago and the Great West*. New York, London.

D'Eramo, Marco (1998): *Das Schwein und der Wolkenkratzer. Chicago: Eine Geschichte unserer Zukunft*. Übers. von Friederike Hausmann und Rita Seuß. [orig.: 1995] Reinbek bei Hamburg.

Desmond, Jane C. (1999): *Staging Tourism. Bodies on Display from Waikiki to Sea World*. Chicago, London.

Doherty, Thomas (1999): *Pre-Code Hollywood. Sex, Immorality, and Insurrection in American Cinema 1930-1934*. New York.

Draper, John E. (1987): Paris am See - Die Quellen von Burnhams 'Plan of Chicago'. In: Zukowsky, John (Hrsg.): Chicago Architektur 1872-1922. *Die Entstehung der kosmopolitischen Architektur des 20. Jahrhunderts*. München. 109-121.

Dremon Press (1999): *Chicago Gang Wars Illustrated*. Chicago.

Dubin, Steven C. (1992): *Arresting Images. Impolitic Art and Uncivil Actions*. London, New York.

Ebb, Fred und Fosse, Bob (1976): *Chicago. A Musical Vaudeville*. New York, Hollywood.

Ebert, Roger (1987): 'The Untouchables'. In: *Chicago Sun-Times*. 3.6.1987. <http://www.suntimes.com/ebert/ebert_reviews/1987/06/236370.html>.

Ebert, Roger (2002): 'Chicago'. In: *Chicago Sun-Times*. 27.12.2002. <http://www.suntimes.com/ebert/ebert_reviews/2002/12/122701.html>.

Enright, Richard (2000): *Capone's Chicago*. Hrsg. von Ray Cowdery. [orig.: *Al Capone on the Spot* 1931] Rapid City.

Ferguson, Kennan (1996): Unmapping and Remapping the World. Foreign Policy as Aesthetic Practice. In: Shapiro, Michael und Alker, Hayward R. (Hrsg.): *Challenging Boundaries. Global Flows, Territorial Identities*. Minneapolis, London. (Borderlines. 2.) 165-191.

Fischer, Ruth (2003): Einleitung zu: Jean-Jacques Wunenburger: Mythophorie. In: Barner, Wilfried, Detken, Anke und Wesche, Jörg (Hrsg.): *Texte zur modernen Mythentheorie*. Stuttgart. 287f.

Foucault, Michel (1993): Nietzsche, die Genealogie, die Historie. In: *Von der Subversion des Wissens*. Hrsg. und übers. von Walter Seitter. [orig.: 1974] Frankfurt am Main. 69-90.

French, Philip (2002): Boys and the Hoods. Sam Mendes and a Star Cast Explore the Lives of Doomed Gangsters and Their Sons in a Dark and Atmospheric Movie. In: *The Observer*. 22.9.2002.

Frey, Stefan (2003): „Unter Tränen lachen." Emmerich Kálmán. Eine Operettenbiographie. Berlin.

Frowein, Cordula (1989): Samson *Schames: 1898 - 1967; Bilder* und *Mosaiken, Frankfurt, London, New York*. [Ausstellungskatalog] Frankfurt am Main.

Gabree, John (1981): *Der klassische Gangster-Film*. München.

Gebhardt, Eike (1988): Die Stadt als moralische Anstalt. Zum Mythos der kranken Stadt. In: Scherpe, Klaus R. (Hrsg.): *Die Unwirklichkeit der Städte. Großstadtdarstellungen zwischen Moderne und Postmoderne*. Reinbek bei Hamburg. 279-303.

Großklaus, Götz (1987): Symbolische Raumorientierung als Denkfigur des Selbst- und Fremdverstehens. In: Wierlacher, Alois (Hrsg.): *Perspektiven und Verfahren interkultureller Germanistik. Akten des I. Kongresses der Gesellschaft für Interkulturelle Germanistik*. München.

Hake, Günter und Grünreich, Dietmar (1994): *Kartographie. 7. völlig neu bearb. und erw. Auflage*. Berlin, New York.

Halbwachs, Maurice (1991): *Das kollektive Gedächtnis*. Übers. von Holde Lhoest-Offermann. Frankfurt am Main.

Harley, J. B. (1992): Deconstructing the Map. In: Barnes, Trevor J. und Duncan, James S. (Hrsg.): *Writing Worlds. Discourse, Text and Metaphor in the Representation of Landscape*. London, New York. 231-247.

Harris, Neil (1990): *Cultural Excursions. Marketing Appetites and Cultural Tastes in Modern America*. Chicago, London.

Hausmann, Friederike (1998): *Die deutschen Anarchisten von Chicago oder Warum Amerika den 1. Mai nicht kennt*. Berlin.

Heise, Kenan (1990): *The Chicagoization of America 1893-1917*. Evanston.

Hinson, Hal (1987): 'The Untouchables'. In: *The Washington Post*. 3.6.1987. <http://www.washingtonpost.com/wp-srv/style/longterm/movies/videos/theuntouchables rhinson_a0c952.htm>.

Hirsch, Foster (1997): Afterword. In: Clarens, Carlos (Hrsg.): *Crime Movies. An Illustrated History of the Gangster Genre from D.W. Griffith to 'Pulp Fiction'. Updated by Foster Hirsch*. New York. 339-360.

Hobsbawm, Eric und Ranger, Terence (1986): *The Invention of Tradition*. [orig.: 1983] Cambridge [et al.].

Hoffman, Dennis E. (1993): *Scarface Al and the Crime Crusaders*. Carbondale, Edwardsville.

Holst, Evelyn (1989): Auf dem Gruseltrip. In Chicago können Urlauber auf Gangster-Tour gehen und die Orte der Mafia-Szene der zwanziger Jahre besichtigen. In: *Stern*. 42:49. 169-172.

Holthusen, Hans Egon (1981): *Chicago. Metropolis am Michigansee*. München, Zürich.

Hooper Trask, C. (1971): Germany Sees 'Chicago'. [orig.: 18.12.1927] In: *The New York Times. Theatre Reviews. Vol. II. Reviews 1927 - 1929*. New York.

Horstmann, A. (1984): Mythos, Mythologie. In: Gründer, Joachim Ritter und Karlfried (Hrsg.): *Historisches Wörterbuch der Philosophie. Band 6*. Basel. (Wissenschaftliche Buchgesellschaft Darmstadt.) 281-318.

Howe, Deeson (1987): 'The Untouchables'. In: *The Washington Post*. 5.6.1987. <http://www.washingtonpost.com/wp-srv/style/longterm/movies/videos/theuntouchables rhowe_a0b0c6.htm>.

Hübner, Kurt (2003): Die nicht endende Geschichte des Mythischen. [1986/87] In: Barner, Wilfried, Detken, Anke und Wesche, Jörg (Hrsg.): *Texte zur modernen Mythentheorie*. Stuttgart. 251-261.

Jähner, Harald (1988): Tour in die Moderne. Die Rolle der Kultur für städtische Imagewerbung und Städtetourismus. In: Scherpe, Klaus R. (Hrsg.): *Die Unwirklichkeit der Städte. Großstadtdarstellungen zwischen Moderne und Postmoderne.* Reinbek bei Hamburg. 225-242.

Josef Weinberger GmbH (2003): Emmerich Kálmán. 24. Oktober 1882 – 30. Oktober 1953. Zum 50. Todestag des Komponisten. [Verlagsbroschüre] Frankfurt am Main. <www.josefweinberger.de/ downloads/Kalman_Druck version.pdf>.

K&O, Event Management (2004). Chicago 1928 - The Event Place. [Werbematerial] Fehraltdorf.

Kagelmann, Jürgen H., Friedrichs-Schmidt, Silke und Sauer, Roman (2004): Erlebnisgastronomie. In: Kagelmann, Jürgen H., Bach-Leitner, Reinhard und Rieder, Max (Hrsg.): *Erlebniswelten. Zum Erlebnisboom der Postmoderne.* München, Wien. 193-210.

Kirshenblatt-Gimblett, Barbara (1998): *Destination Culture. Tourism, Museums, and Heritage.* Berkeley, Los Angeles, London.

Kirshenblatt-Gimblett, Barbara (1998a): Introduction. In: *Destination Culture. Tourism, Museums, and Heritage.* Berkeley, Los Angeles, London. 1-16.

Kirshenblatt-Gimblett, Barbara (1998b): Destination Museum. In: *Destination Culture. Tourism, Museums, and Heritage.* Berkeley, Los Angeles, London. 131-177.

Klein, Norman E. (1997): *The History of Forgetting. Los Angeles and the Erasure of Memory.* London, New York.

Klein, Thorsten (2003). Blütenträume aus Pappmaché. In: *Opernnetz.* 4.7.2003. <www.opernnetz.de/seiten/bericht-texte/osn_herz.htm>.

Knörer, Ekkehard (2004): Rob Marshall: 'Chicago'. Berlinale Kritik. [orig.: 2003] In: *Jump Cut.* 6.3.2004 <http://www.jump-cut.de/filmkritik-chicago.html>.

Kobler, John (1971): *Al Capone. Sein Leben. Seine (Un)taten. Seine Zeit.* Bern, München, Wien.

Kreitling, Holger (2003): Die blutende Nation. Mit Martin Scorseses monströsem Epos 'Gangs of New York' endet die Berlinale. In: *Berliner Morgenpost.* 15.2.2003. <http://morgenpost.berlin1.de/ archiv2003/030215/feuilleton/story 584362.html>.

Lane, Margaret (ca. 1937): *Edgar Wallace. The Biography of a Phenomenon.* London, Toronto.

Lehmann, Hans-Thies (1983): Die Raumfabrik - Mythos im Kino und Kinomythos. In: Bohrer, Karl Heinz (Hrsg.): *Mythos und Moderne*. Frankfurt am Main. (edition suhrkamp 1144.) 572-609.

Leiter, Samuel L. (Hrsg.) (1985): *The Encyclopedia of the New York Stage 1920-1930*. Westport, London.

Leppmann, Wolfgang (1992): *Die Roaring Twenties. Amerikas wilde Jahre*. München.

Letts, Mary (1974): *Al Capone*. London.

Lévi-Strauss, Claude (2003): Die Struktur der Mythen. [orig.: 1955] In: Barner, Wilfried, Detken, Anke und Wesche, Jörg (Hrsg.): *Texte zur modernen Mythentheorie*. Stuttgart. 59-74.

Lindberg, Richard (1996): *Chicago by Gaslight. A History of Chicago's Netherworld 1880-1920*. Chicago.

Lindberg, Richard (1999): *Return to the Scene of the Crime. A Guide to Infamous Places in Chicago*. Nashville.

Lipsitz, George (1990): *Time Passages. Collective Memory and American Popular Culture*. Minneapolis, London.

Lombardo, Robert M. (2003): The Genesis of Organized Crime in Chicago. 26.11.2003. <http://www.ipsn.org/genesis.htm>.

Lynch, Kevin (1960): *The Image of the City*. Cambridge.

Lynk, William M (1993): *Dinner Theatre. A Survey and Directory*. Westport, London.

Lyon, James K. (1984): *Bertolt Brecht in Amerika*. [orig.: 1980] Frankfurt am Main.

MacCannell, Dean (1992): *Empty Meeting Grounds. The Tourist Papers*. London, New York.

MacCannell, Dean (1999): *The Tourist. A New Theory of the Leisure Class*. [orig.: 1976] Berkeley, Los Angeles.

Maltby, Richard (1993): Tragic Heroes? Al Capone and the Spectacle of Criminality, 1948-1931. In: Benson, John, Berryman, Ken and Levy, Wayne (Hrsg.): *Screening the Past. The Sixth Australian History and Film Conference Papers*. Bundoora Melbourne. 112-119.

Maltby, Richard (2001): The Spectacle of Criminality. In: Slocum, David J. (Hrsg.): *Violence and American Cinema*. London, New York. 117-152.

Marquard, Odo (2003): Lob des Polytheismus. Über Monomythie und Polymythie. [orig.: 1979] In: Barner, Wilfried, Detken, Anke und Wesche, Jörg (Hrsg.): *Texte zur modernen Mythentheorie*. Stuttgart. 222-238.

Marx, Peter W. (2003): *Theater und kulturelle Erinnerung. Kultursemiotische Untersuchungen zu George Tabori, Tadeusz Kantor und Rina Yerushalmi.* Tübingen, Basel.

May, Lary (2000): *The Big Tomorrow. Hollywood and the Politics of the American Way.* Chicago, London.

McCarty, John (1993): *Hollywood Gangland. The Movies' Love Affair with the Mob.* New York.

McDonough, Daniel (1989): Chicago Press Treatment of the Gangster, 1924-1931. In: *Illinois Historical Journal* 82: Spring 1989. 17-32.

Miller, Donald L. (1996): *City of the Century. The Epic of Chicago and the Making of America.* New York [et al.].

Miller, Ross (1987): Chicagos weltliche Apokalypse: Das große Feuer und die Geburt des demokratischen Helden. In: Zukowsky, John (Hrsg.): *Chicago Architektur 1872-1922. Die Entstehung der kosmopolitischen Architektur des 20. Jahrhunderts.* München. 28-37.

Miller, Ross (1990): *American Apocalypse. The Great Fire and the Myth of Chicago.* Chicago, London.

Mück, Hein (1932): Al Capones Märchenerzähler. In: *Die Weltbühne. Wochenschrift für Politik - Kunst - Wirtschaft* 28:24. 908f.

Müller, Lothar (1988): Die Großstadt als Ort der Moderne. Über Georg Simmel. In: Scherpe, Klaus R. (Hrsg.): *Die Unwirklichkeit der Städte. Großstadtdarstellungen zwischen Moderne und Postmoderne.* Reinbek bei Hamburg. 14-36.

Müller, Robert (1997): Gangsterfilm. In: Rother, Rainer (Hrsg.): *Sachlexikon Film.* Reinbeck bei Hamburg. 137-140.

Munby, Jonathan (1999): *Public Enemies, Public Heroes. Screening the Gangster from Little Caesar to Touch of Evil.* Chicago, London.

Nathan, George Jean (1927): Preface. In: Watkins, Maurine: *Chicago.* New York. (The Theatre of Today.) vii-ix.

Ness, Eliot und Fraley, Oscar (1967): *The Untouchables.* [orig.: 1957] London.

Norton, Richard C. (2002): *A Chronology of American Musical Theater. Vol.3.* Oxford, New York.

Oates, Joyce Carol (1981): Imaginary Cities: America. In: Jaye, Michael C. und Watts, Ann Chalmers (Hrsg.): *Literature and the Urban Experience. Essays on the City and Literature.* New Brunswick.

Park, Robert E., Burgess, Ernest W. und McKenzie, Roderick D. (1967): *The City.* [orig.: 1925] Chicago, London.

Pasley, Fred D. (1966): *Al Capone. The Biography of a Self-Made Man*. With an Introduction and Epilogue by Andrew Sinclair. [orig.: 1931] London.

Pauly, Thomas H. (1997): Introduction. In: Watkins, Maurine: *Chicago. With the Chicago Tribune Articles that Inspired it. Edited and with an Introduction by Thomas H. Pauly*. Carbondale und Edwardsville. vii-xxxii.

Pearce, Douglas G. und Butler, Richard W. (1993): *Tourism Research. Critiques and Challenges*. London, New York.

Pickles, John (1992): Texts, Hermeneutics and Propaganda Maps. In: Barnes, Trevor J. und Duncan, James S. (Hrsg.): *Writing Worlds. Discourse, Text and Metaphor in the Representation of Landscape*. London, New York. 193-230.

Plummer, Ken (Hrsg.) (1997): *The Chicago School. Critical Assessments. Vol. I - IV*. London, New York.

Prigge, Walter und Herterich, Frank (1988): Skyline: Zeichen der Stadt. Moderner und Postmoderner Städtebau. In: Scherpe, Klaus R. (Hrsg.): *Die Unwirklichkeit der Städte. Großstadtdarstellungen zwischen Moderne und Postmoderne*. Reinbek bei Hamburg. 304-324.

Resina, Joan Ramon und Ingenschay, Dieter (Hrsg.) (2003a): *After-Images of the City*. Ithaca, London.

Resina, Joan Ramon und Ingenschay, Dieter (2003b): Preface. In: Resina, Joan Ramon und Ingenschay, Dieter (Hrsg.): *After-Images of the City*. Ithaca, London. xi-xvii.

Resina, Joan Ramon (2003c): The Concept of After-Image and the Scopic Apprehension of the City. In: Resina, Joan Ramon und Ingenschay, Dieter (Hrsg.): *After-Images of the City*. Ithaca, London. 1-22.

Roach, Joseph (1996): *Cities of the Dead. Circum-Atlantic Performance*. New York.

Ross, Andrew (1994): Superbiology. In: Ross, Andrew: *The Chicago Gangster Theory of Life. Nature's Debt to Society*. London, New York. 237-273.

Ruth, David E. (1996): *Inventing the Public Enemy. The Gangster in American Culture, 1918-1934*. Chicago, London.

Said, Edward W. (1994): *Orientalism*. [orig.: 1978] New York.

Samuel, Raphael und Thompson, Paul (Hrsg.) (1990): *The Myths We Live by*. London, New York.

Sandburg, Carl (1926): Chicago. [orig.: 1916] In: West, Rebecca (Hrsg.): *Selected Poems of Carl Sandburg*. New York. 29f.

Schabert, Tilo (Hrsg.) (1991): *Die Welt der Stadt*. München, Zürich.

Scherpe, Klaus R. (Hrsg.) (1988): *Die Unwirklichkeit der Städte. Großstadtdarstellungen zwischen Moderne und Postmoderne*. Reinbek bei Hamburg.

Scherpe, Klaus R. (1988): Zur Einführung - Die Großstadt aktuell und historisch. In: Scherpe, Klaus R. (Hrsg.): *Die Unwirklichkeit der Städte. Großstadtdarstellungen zwischen Moderne und Postmoderne*. Reinbek bei Hamburg. 7-13.

Schlösser, Hermann (1988): Bequem sei der Weg und lockend das Ziel. Die Städte in den Reiseführern. In: Scherpe, Klaus R. (Hrsg.): *Die Unwirklichkeit der Städte. Großstadtdarstellungen zwischen Moderne und Postmoderne*. Reinbek bei Hamburg. 243-261.

Schüler, Wolfgang (2003): *Edgar Wallace. Ein Leben wie im Film*. Leipzig.

Seeßlen, Georg (1977): *Der Asphalt-Dschungel. Eine Einführung in die Mythologie, Geschichte und Theorie des amerikanischen Gangster-Films*. München.

Seliger, Helfried W. (1974): *Das Amerikabild Bertolt Brechts*. Bonn.

Selwyn, Tom (1996): Introduction. In: Selwyn, Tom (Hrsg.): *The Tourist Image. Myths and Mythmaking in Tourism*. Chichester [et al.].

Sennott, R. Stephen (1993): 'Forever Inadequate to the Rising Stream': Dream Cities, Automobiles, and Urban Street Mobility in Central Chicago. In: Zukowsky, John (Hrsg.): *Chicago Architecture and Design 1923-1993. Reconfiguration of an American Metropolis*. München. 53-73.

Shadoian, Jack (2003): *Dreams and Dead Ends. The American Gangster Film*. [orig.: 1977] New York.

Siebel, Walter (2000): Urbanität. In: Häußermann, Hartmut (Hrsg.): *Großstadt. Soziologische Stichworte*. Opladen. 264-272.

Smith, Carl S. (1984): *Chicago and the American Literary Imagination 1880-1920*. Chicago, London.

Smith, Neil und Katz, Cindi (1993): Grounding Metaphor. Towards a Spatialized Politics. In: Keith, Michael und Pile, Steve (Hrsg.): *Place and the Politics of Identity*. London, New York. 67-83.

Spinney, Robert G. (2000): *City of Big Shoulders. A History of Chicago*. DeKalb.

Steinberg, Stephen (1989): *The Ethnic Myth. Race, Ethnicity, and Class in America*. Erw. und überarb. Ausgabe. [orig.: 1981] Boston.

Steinfeld, Thomas (1990): Die Metropole. Letzte Beschwörung. In: Steinfeld, Thomas und Suhr, Heidrun (Hrsg.): *In der großen Stadt. Die Metropole als kulturtheoretische Kategorie.* Frankfurt am Main. 173-189.

Stewart, Susan (1998): *On Longing. Narratives of the Minature, the Gigantic, the Souvenir, the Collection.* [orig.: 1984] Durham, London.

Thiele, Dieter (1990): *Bertolt Brecht. Der aufhaltsame Aufstieg des Arturo Ui. Grundlagen und Gedanken zum Verständnis des Dramas.* Frankfurt am Main.

Tommy Gun's Garage (2004): Gangsters & Flappers. [Werbebroschüre] Chicago.

Traubner, Richard (1999): Die Herzogin von Chicago. Jazz versus Operette. In: *Die Herzogin von Chicago. DECCA-Serie Entartete Musik.* [CD-Booklet] 38-44.

Tucker, Kenneth (2000): *Eliot Ness and the Untouchables. Historical Reality and the Film and Television Depictions.* Jefferson, London.

Urry, John (1990): *The Tourist Gaze. Leisure and Travel in Contemporary Societies.* London [et al.].

Urry, John (1995): *Consuming Places.* London, New York.

Vezzosi, Elisabetta. (1997): *La Chicago di Al Capone.* Florenz.

Waldenfels, Bernhard (1999): *Topographie des Fremden. Studien zur Phänomenologie des Fremden I.* Frankfurt am Main.

Warshaw, Robert (1972): The Gangster as Tragic Hero. [orig.: 1948] In: Temaner, Gerald [et al.] (Hrsg.): *The Gangster on Film: An Examination of Popular Urban Film Genres.* Chicago. 81f.

Watkins, Maurine (1997): *Chicago. With the Chicago Tribune Articles that Inspired it. Edited and with an Introduction by Thomas H. Pauly.* Carbondale und Edwardsville.

Weber, Bruce (2003): Cool Head, Hot Images. [orig.: 1989] In: Knapp, Laurence F. (Hrsg.): *Brian De Palma: Interviews.* Jackson. 108-119.

Where Chicago Magazine (2000): Family Map Chicago. [Karte] Chicago.

Wilhelmy, Herbert (2002): *Kartographie in Stichworten.* 7. überarb. Auflage von Hüttermann, Armin und Schröder, Peter. Berlin, Stuttgart.

Williams, Stephen (2000): *Tourism Geography.* London, New York. (Routledge Contemporary Human Geography Series.)

Wilmington, Michael (2002a): Movie Review: 'Road to Perdition'. In: *The Chicago Tribune.* 11.7.2002. <http://metromix.chicagotribune.com/movies/ mmx-17424_lgcy.story>.

Wilmington, Michael (2002b): Movie Review: 'Chicago'. In: *The Chicago Tribune* 26.12.2002. <http://metromix.chicagotribune.com/movies/mmx-19768_lgcy.story>.

Wunenburger, Jean-Jacques (2003): Mytho-phorie: Formen und Transformationen des Mythos. [orig.: 1994] In: Barner, Wilfried, Detken, Anke und Wesche, Jörg (Hrsg.): *Texte zur modernen Mythentheorie*. Stuttgart. 290-300.

Yaquinto, Marilyn (1998): Pump 'Em Full of Lead. Look at Gangsters on Film. New York.

Zukowsky, John (1987): Einleitung: Zum Internationalismus in der Chicagoer Architektur. In: Zukowsky, John (Hrsg.): *Chicago Architektur 1872-1922. Die Entstehung der kosmopolitischen Architektur des 20. Jahrhunderts*. München. 15-25.

Zukowsky, John (1993): The Burden of History: Chicago Architecture before and after the Great Depression and World War II. In: Zukowsky, John (Hrsg.): *Chicago Architecture and Design 1923-1993. Reconfiguration of an American Metropolis*. München. 15-31.

Referenz Kapitalanfänge

1. Anfänge des Mythos
   Bismarck zit. in: Holthusen 1981, 6.
   Boyer 1994, 31.
   Bohrer 1983, 7.

2. Orte des Mythos
   Holthusen 1981, 6.
   Klein 1997, 114.
   Lombardo 2003, ohne Seitenangabe.
   Heise 1990, 173.

3. Bewegungen des Mythos
   Holthusen 1981, 6.
   Klein 1997, 114.
   Lombardo 2003, ohne Seitenangabe.
   Heise 1990, 173.

4. Masken des Mythos
   Bohrer 1983, 7.
   Blumenberg 1979, 145.
   Belting 2001, 21.
   Lévi-Strauss 2003, 63.

2. Internetquellen

http://www.alcapone.de
http://www.alcaponemuseum.com
http://www.chicago1928.ch (*The Event Place*)
http://www.chicagohistory.org (*Chicago Historical Society*)
http://www.chicagohistory.org/fire (*Web of Memory*)
http://www.cityofchicago.org
http://www.gangstertour.com (*Untouchable Tours*)
http://www.maxwellstreet.org
http://www.tommygunsgarage.com

3. Abbildungsverzeichnis

Abb. 1:	„The Phoenix Reborn." [orig.: 1875] In: Cronon William (1991): *Nature's Metropolis*. New York. Keine Seitenangabe.
Abb. 2:	„World's Columbian Exposition 1893 – Administration Building." <http://www.chicagohistory.org/fire/commemorate/pic0129.html>. (18.5.2004).
Abb. 3:	„World's Columbian Exposition 1893." <http://www.chicagohistory.org/fire/commemorate/pic0126.html>. (18.5.2004).
Abb. 4:	„Chicago Neighborhood Map." <http://www.seanparnell.com/Chicago/Chicago%20Neighborhood%20Map.htm>. (2.3.2004).
Abb. 5:	„CTA Train Map." <http://www.truepol.com/art-images/cta/mapka.jpg>. (1.9.2005).
Abb. 6:	„Chicago Neighborhood Map." <http://www.chicagotogo.org/chicneigmap.html>. (2.3.2004).

Abb. 7:	„Burgess: Chart II. Urban Areas." In: Burgess, Ernest W. (1967): The Growth of the City. An Introduction to a Research Project. In: Park, Robert E., Burgess, Ernest W. und McKenzie, Roderick D. (Hrsg.): *The City*. [orig.: 1925] Chicago, London. 55.
Abb. 8:	„20 of Chicago's Favorite Restaurants." In: Chicago Quick Guide 2000-2001. [Werbebroschüre] Keine Seitenangabe.
Abb. 9:	„This Map Shows the Spheres of Gangland Influence in the City of Chicago in the Roaring '20s." In: Lindberg, Richard (1999): *Return to the Scene of the Crime. A Guide to Infamous Places in Chicago*. Nashville. 137.
Abb. 10:	„Map of Chicago's Gangland from Authentic Sources." [orig.: 1931] <http://images.library.uiuc.edu:8081/maps/image/890111 519122002_G10896_548.jpg>. (16.6.2005).
Abb. 11:	„Pulp Magazines: *X Marks the Spot. Chicago Gang Wars in Pictures - Al Capone on the Spot. The Inside Story of the Master Criminal and His Bloody Career*." <http://www.alcaponemuseum.com/magazine.html> . (25.5.2004).
Abb. 12:	„Pulp Magazines: *Chicago Gang Wars Illustrated – Capone's Chicago*." Cover. Dremon Press (1999): *Chicago Gang Wars Illustrated*. Chicago. – Enright, Richard (2000): *Capone's Chicago*. Hrsg. von Ray Cowdery. [orig.: *Al Capone on the Spot* 1931] Rapid City.
Abb. 13:	Tatort-Fotografie (1). In: Enright, Richard (2000): *Capone's Chicago*. Hrsg. von Ray Cowdery. [orig.: *Al Capone on the Spot* 1931] Rapid City. 32.
Abb. 14:	Tatort-Fotografie (2). In: Enright, Richard (2000): *Capone's Chicago*. Hrsg. von Ray Cowdery. [orig.: *Al Capone on the Spot* 1931] Rapid City. 34.
Abb. 15:	Tatort-Fotografie (3). In: Enright, Richard (2000): *Capone's Chicago*. Hrsg. von Ray Cowdery. [orig.: *Al Capone on the Spot* 1931] Rapid City. 54.
Abb. 16:	Cover. In: Lindberg, Richard (1999): *Return to the Scene of the Crime. A Guide to Infamous Places in Chicago*. Nashville.
Abb. 17:	„Untouchable Tourbus." Foto (2004): Kristin Becker.
Abb. 18:	„Al Dente." <http://www.gangstertour.com/guides.htm>. (8.2.2004).

Abb. 19:	„Big Julie." <http://www.gangstertour.com/guides.htm>. (8.2.2004).
Abb. 20:	„Maxwell Street." Foto (2004): Kristin Becker.
Abb. 21:	„Wegweiser." Foto (2004): Kristin Becker.
Abb. 22:	„Hinweiszettel." Foto (2004): Kristin Becker.
Abb. 23:	„Werbeschild." Foto (2004): Kristin Becker.
Abb. 24:	„Bar und Bühne." Foto (2004): Kristin Becker.
Abb. 25:	„Ausstellungswand." Foto (2004): Kristin Becker.
Abb. 26:	„Oldtimer." Foto (2004): Kristin Becker.
Abb. 27:	„Speisekarte." Foto (2004): Kristin Becker.
Abb. 28:	„Ensemble." Foto (2004): Kristin Becker.
Abb. 29:	„Souvenirs" Foto (2004): Kristin Becker.
Abb. 30:	„Tasse." Foto (2004): Kristin Becker.
Abb. 31:	„T-Shirt." Foto (2004): Kristin Becker.
Abb. 32:	Filmstill: *Road to Perdition* (2002). Deutsche DVD-Ausgabe 2003.
Abb. 33:	Filmstill: *Road to Perdition* (2002). Deutsche DVD-Ausgabe 2003.
Abb. 34:	Filmstill: *Road to Perdition* (2002). Deutsche DVD-Ausgabe 2003.
Abb. 35:	Filmstill: *Chicago* (2002). Russische DVD-Ausgabe 2003.
Abb. 36:	Filmstill: *Chicago* (2002). Russische DVD-Ausgabe 2003.
Abb. 37:	Filmplakat *Chicago* (1928). [Postkarte] 2004.
Abb. 38:	„Vu: Jack Bilbo." In: Bilbo, Jack (1948): *Jack Bilbo. An Autobiography*. London. 25.
Abb. 39:	„Man of Mystery." In: Bilbo, Jack (1948): *Jack Bilbo. An Autobiography*. London. 11.
Abb. 40:	„Time 24.3.1930." <http://www.time.com/time/magazine/archive/covers/0,16641,1101300324,00.html>. 8.6.2004.
Abb. 41:	Filmstill: *The Untouchables* (1987). Deutsche DVD-Ausgabe 2004.
Abb. 42:	Filmstill: *The Untouchables* (1987). Deutsche DVD-Ausgabe 2004.
Abb. 43:	Filmstills: *The Untouchables* (1987). Deutsche DVD-Ausgabe 2004.
Abb. 44:	„Geschäft in South Beach." Foto (2004): Kristin Becker
Abb. 45:	Filmstill: *Scarface* (1983). Französische DVD-Ausgabe 2004.

4. Filmverzeichnis

Chicago	[deutsche Video-Ausgabe 2003, orig.: 2002] Regie: Rob Marshall Drehbuch: Bill Condon Kamera: Dion Beebe Musik: John Kander/Danny Elfman Mit: Renee Zellweger, Catherine Zeta-Jones, Richard Gere
Road to Perdition	[deutsche DVD-Ausgabe 2003, orig.: 2002] Regie: Sam Mendes Drehbuch: David Self Kamera: Conrad L. Hall Musik: Thomas Newman Mit: Tom Hanks, Paul Newman, Jude Law, Stanley Tucci, Tyler Hoechlin
Roxie Hart	[US-amerikanische Video-Ausgabe 1995, orig.: 1942] Regie: William A. Wellman Drehbuch: Nunnally Johnson Kamera: Leon Shamroy Musik: Alfred Newman Mit: Ginger Rogers, George Montgomery, Adolphe Menjou
Scarface	[US-amerikanische Video-Ausgabe 1991, orig.: 1932] Regie: Howard Hawks Drehbuch: Seton I. Miller, John Lee Mahin, W.R. Burnett, Ben Hecht Kamera: Lee Garmes, L. W. O'Connell Musik: Gus Arnheim, Adolph Tandler Mit: Paul Muni, George Raft, Ann Dvorak, Boris Karloff
Scarface. *Édition Spéciale*	[französische 2-DVD-Ausgabe 2004, orig.: 1983] Regie: Brian De Palma Drehbuch: Oliver Stone Kamera: John A. Alonzo Musik: Giorgio Moroder Mit: Al Pacino, Steven Bauer, Michelle Pfeiffer, Mary Elizabeth Mastrantonio

The Untouchables [deutsche DVD-Ausgabe 2004, orig.: 1987]
Regie: Brian De Palma
Drehbuch: David Mamet
Kamera: Stephen H. Burum
Musik: Ennio Morricone
Mit: Kevin Costner, Robert De Niro, Sean Connery, Andy Garcia, Charles Martin Smith [et al.]

The Untouchables - [US-amerikanische Video-Ausgabe 1986, orig.: 1959]
The Scarface Mob Regie: Phil Karlson
Drehbuch: Paul Monash
Kamera: Charles Straumer
Musik: Wilbur Hatch
Mit: Robert Stack, Neville Brand, Bruce Gordon, Keenan Wynn, Barbara Nichols

In der Schriftenreihe *Kleine Mainzer Schriften zur Theaterwissenschaft* sind bisher erschienen:

Becker, Kristin:
Chicago. Ein Mythos in seinen Inszenierungen.
(KMT, Band 1)
166 Seiten, 24,90 Euro, 2005
ISBN 3-8288-8929-8

Wiegmink, Pia:
Theatralität und öffentlicher Raum.
Die Situationistische Internationale am Schnittpunkt von Kunst und Politik.
(KMT, Band 2)
146 Seiten, 24,90 Euro, 2005
ISBN 3-8288-8935-2

www.ingramcontent.com/pod-product-compliance
Lightning Source LLC
Chambersburg PA
CBHW030443300426
44112CB00009B/1142